초등영단어 문장의 시작

Level 3

차례

〈초등영단어 문장의 시작〉은 초등학생이 알아야 할 1200단어를 공부하는 책이에요.

Level 1–4의 각 권에서 하루 10단어씩 30일간 300단어를 공부할 수 있어요.

매일 10단어씩 〈**듣고 따라하기 ➡ 듣기 문제로 단어 익히기 ➡ 쓰기 문제로 단어 익히기 ➡ 문장 듣기로 단어 확장하기 ➡ 글 읽기로 단어 확장하기**〉의 5단계로 공부해요.

Step > 1 듣고 따라하기

주제별 10개의 영단어를 보고, 듣고, 큰 소리로 따라 하며 익혀요.

그림으로 보고, 소리로 듣고, 입으로 따라 하면서
각 단어의 소리, 철자, 뜻을 익힐 수 있어요.
읽은 횟수를 표시하며 모든 단어를 세 번씩 반복해요.

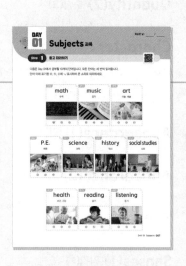

Step > 2 듣기 문제로 단어 익히기

들려주는 소리에 해당하는 단어를 직접 쓰고, 보며 익혀요.

• 소리를 듣고 단어를 쓴 후 사진을 연결하는 유형
• 소리를 듣고 단어의 철자를 쓴 후 의미를 확인하는 유형

보고, 듣고, 쓰기가 결합된 퀴즈 형식의 문제로
재미있게 단어를 공부해요.

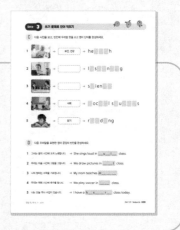

Step › 3 쓰기 문제로 단어 익히기

우리말 뜻이나 사진을 보고 단어를 기억해내며 전체 단어를 완성해요.

- 빈칸 채워 단어 완성하기
- 우리말 뜻에 맞는 전체 단어 써보기

훈련처럼 억지로 단어를 기억해내서 쓰는 것이 아니라
시각적 흥미를 일으키는 유형의 문제로 자연스럽게 단어를 익혀요.

Step › 4 문장 듣기로 단어 확장하기

들려주는 문장을 통해 단어의 쓰임을 공부해요.

단순한 단어 암기에 그치지 않고
문장에서의 쓰임을 이해할 수 있게 했어요.

Step › 5 글 읽기로 단어 확장하기

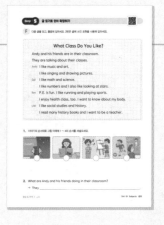

Step 4에서 학습한 문장을 활용한 짧은 글을 읽어요.

한 편의 글을 읽으며, 학습한 단어들이
글에서 어떻게 쓰이는지 알 수 있어요.

- 글의 전체 흐름을 파악하는 유형
- 글의 세부 내용을 파악하는 유형

두 가지 유형의 문제를 통해, 글을 이해했는지 확인해요.

단어 학습을 도와주는 장치들

Tips : 단어를 상황이나 때에 맞게 사용할 수 있는 팁을 제공해요.

Quick Check : 새로운 단어를 공부하기 전, 전날 배운 단어들을 듣고 받아쓰며 확인해요.

Review : 5일간 공부한 단어들을 간단하게 확인해요.

Workbook : 단어를 통으로 써보며 학습을 마무리해요. (별책)

Subjects 과목

다음은 Day 01에서 공부할 10개의 단어입니다. 모든 단어는 세 번씩 읽어줍니다.

단어 아래 표기된 ❶, ❷, ❸에 ✓ 표시하며 큰 소리로 따라하세요.

0601	0602	0603
math	**music**	**art**
수학	음악	미술, 예술

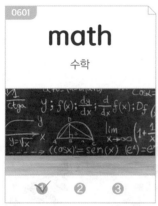  

❶ ❷ ❸   ❶ ❷ ❸   ❶ ❷ ❸

0604	0605	0606	0607
P.E.	**science**	**history**	**social studies**
체육	과학	역사	사회

  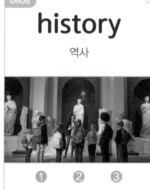 

❶ ❷ ❸   ❶ ❷ ❸   ❶ ❷ ❸   ❶ ❷ ❸

0608	0609	0610
health	**reading**	**listening**
보건, 건강	읽기	듣기

❶ ❷ ❸   ❶ ❷ ❸   ❶ ❷ ❸

| health | P.E. | music | reading | listening |
| history | art | math | science | social studies |

A 들려주는 영어 단어를 (보기)에서 찾아 쓰고, 그 아래 빈칸에 해당하는 사진의 번호를 쓰세요.

1

2

3

4

B 들려주는 영어 단어를 (보기)에서 찾아 쓰고, 괄호 안에서 알맞은 뜻을 고르세요.

1

(음악 / 수학)

2

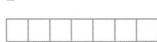

(과학 / 사회)

3

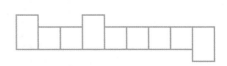

(듣기 / 읽기)

4

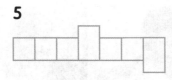

(미술 / 보건, 건강)

5

(읽기 / 듣기)

6

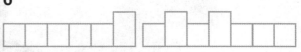

(사회 / 과학)

Step › 3 쓰기 문제로 단어 익히기

C 다음 사진을 보고, 빈칸에 우리말 뜻을 쓰고 영어 단어를 완성하세요.

1  → [보건, 건강] → he⬜⬜⬜h

2  → [　　　] → l⬜s⬜⬜n⬜⬜g

3  → [　　　] → s⬜ien⬜⬜

4  → [사회] → ⬜oc⬜⬜l s⬜u⬜⬜⬜s

5  → [읽기] → r⬜⬜d⬜ng

D 다음 우리말을 표현한 영어 문장의 빈칸을 완성하세요.

1 그녀는 음악 시간에 크게 노래합니다. → She sings loud in ___u___i___ class.

2 우리는 미술 시간에 그림을 그립니다. → We draw pictures in _____t class.

3 나의 엄마는 수학을 가르칩니다. → My mom teaches m_____.

4 우리는 체육 시간에 축구를 합니다. → We play soccer in _____ class.

5 나는 오늘 역사 수업이 있습니다. → I have a h___s___r___ class today.

E 다음을 듣고 빈칸을 채워 문장을 완성한 후, 큰 소리로 따라하세요.

1 I like [   ] and [   ].

나는 음악과 미술을 좋아합니다.

2 I like [   ] and [   ].

나는 수학과 과학을 좋아합니다.

3 [   ] is fun.

체육은 재미있습니다.

4 I enjoy [   ] class.

나는 보건 수업을 즐깁니다.

5 I like [   ].

나는 사회를 좋아합니다.

6 I read many [   ] books.

나는 많은 역사책을 읽습니다.

📝 **Expressions**

• **enjoy** : 즐기다

• **read** : 읽다

• **many** : (수가) 많은

F 다음 글을 읽고, 물음에 답하세요. 2번은 글에 쓰인 표현을 사용해 답하세요.

What Class Do You Like?

Andy and his friends are in their classroom.

They are talking about their classes.

Andy I like music and art.

I like singing and drawing pictures.

Suji I like math and science.

I like numbers and I also like looking at stars.

Ben P.E. is fun. I like running and playing sports.

I enjoy health class, too. I want to know about my body.

Lisa I like social studies and history.

I read many history books and I want to be a teacher.

1. 이야기의 순서대로 그림 아래에 1 ~ 4의 순서를 써넣으세요.

2. What are Andy and his friends doing in their classroom?

➡ They _____ .

정답 및 해석 >> p35

Quick Check

● Day 01에서 학습한 단어들을 듣고 쓴 후, 그 단어의 우리말 뜻을 쓰세요.

1   ➡

2   ➡

3   ➡

4   ➡

5   ➡

6   ➡

7   ➡

8   ➡

9   ➡

10   ➡

✍ 틀린 단어 써보기

DAY 02 Countries 국가

Step > 1 듣고 따라하기

다음은 Day 02에서 공부할 10개의 단어입니다. 모든 단어는 세 번씩 읽어줍니다.
단어 아래 표기된 ❶, ❷, ❸에 ✔ 표시하며 큰 소리로 따라하세요.

💡 TIPS '국가명'은 첫 번째 글자를 항상 대문자로 써요!

0611 Korea 한국	0612 China 중국	0613 Japan 일본

💡 TIPS '미국'을 나타내는 공식적인 표현은 the United States of America이고,
이를 줄여 America, the USA, the U.S., the US, the States로 써요.

0614 America 미국	0615 Mexico 멕시코	0616 England 영국	0617 France 프랑스

0618 Spain 스페인	0619 Italy 이탈리아	0620 Germany 독일

보기

| Korea | China | Japan | Mexico | Germany |
| France | Spain | Italy | England | America |

A 들려주는 영어 단어를 (보기)에서 찾아 쓰고, 그 아래 빈칸에 해당하는 사진의 번호를 쓰세요.

1

2

3

4

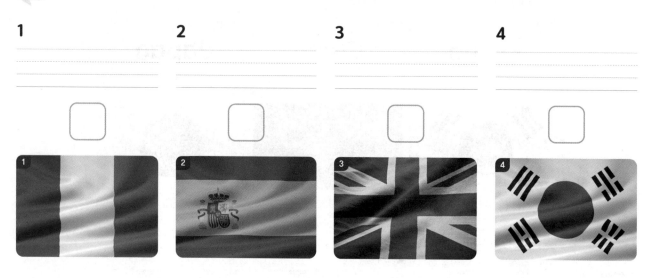

B 들려주는 영어 단어를 (보기)에서 찾아 쓰고, 괄호 안에서 알맞은 뜻을 고르세요.

1

(한국 / 이탈리아)

2

(미국 / 멕시코)

3

(일본 / 프랑스)

4

(스페인 / 중국)

5

(영국 / 독일)

6

(미국 / 스페인)

C 다음 사진을 보고, 빈칸에 우리말 뜻을 쓰고 영어 단어를 완성하세요.

1  → [　　　　] → C ▢ ▢ n ▢

2 → [독일] → G ▢ rm ▢ n ▢

3  → [멕시코] → Me ▢ i ▢ o

4 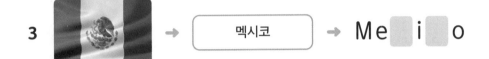 → [　　　　] → ▢ m ▢ ri ▢ a

5  → [이탈리아] → Ita ▢ ▢

D 다음 우리말을 표현한 영어 문장의 빈칸을 완성하세요.

1 나는 스페인에서 즐거운 시간을 보냈습니다. → I had a good time in _____n .

2 한국은 긴 역사를 가졌습니다. → __ or _____ has a long history.

3 그 배우는 영국에 살고 있습니다. → The actor lives in _____land .

4 엄마는 프랑스로 여행가고 싶어합니다. → Mom wants to travel to __r_____e .

5 당신이 일본에 올 수 있습니다. → You can come to _____n .

E 다음을 듣고 빈칸을 채워 문장을 완성한 후, 큰 소리로 따라하세요.

1 I am from ☐. It is between ☐ and ☐.

나는 한국 출신입니다. 그것은 중국과 일본 사이에 있습니다.

2 I am from ☐. It is next to ☐.

나는 멕시코 출신입니다. 그것은 미국과 나란히 있습니다.

3 I am from ☐. It is near ☐.

나는 이탈리아 출신입니다. 그것은 프랑스 근처에 있습니다.

4 It is between ☐ and ☐.

그것은 독일과 스페인 사이에 있습니다.

📝 Expressions

- be from ~ : ~ 출신이다
- next to ~ : ~ 옆에[나란히]
- near ~ : ~ 가까이, ~ 근처에
- between A and B : A와 B 사이에

F 다음 글을 읽고, 물음에 답하세요. 2번은 글에 쓰인 표현을 사용해 답하세요.

Where Are You from?

I am from Korea. It is between China and Japan.

It is famous for its good movies and songs.

I am from Mexico. It is next to America.

It is famous for its beautiful nature and delicious food.

I am from Italy. It is near France.

It is famous for its pizza.

I am from France. It is between Germany and Spain.

It is famous for its pretty clothes and museums.

1. 다음 그림의 내용에 맞는 '국가'를 윗글에서 찾아 빈칸에 쓰세요.

2. Where is France?

➡ It is _____ .

정답 및 해석 >> p36

Quick Check

● Day 02에서 학습한 단어들을 듣고 쓴 후, 그 단어의 우리말 뜻을 쓰세요.

1 _____ → _____

2 _____ → _____

3 _____ → _____

4 _____ → _____

5 _____ → _____

6 _____ → _____

7 _____ → _____

8 _____ → _____

9 _____ → _____

10 _____ → _____

✍ 틀린 단어 써보기

_____
_____
_____

Language and People 언어와 국민

Step > 1 듣고 따라하기

다음은 Day 03에서 공부할 10개의 단어입니다. 모든 단어는 세 번씩 읽어줍니다.

단어 아래 표기된 ❶, ❷, ❸에 ✓ 표시하며 큰 소리로 따라하세요.

> 💡TIPS '언어'나 '국민'을 표현하는 말은 첫 번째 글자를 항상 대문자로 써요!

0621
Korean
한국어, 한국 사람

✓ ❷ ❸

0622
Chinese
중국어, 중국 사람

❶ ❷ ❸

0623
Japanese
일본어, 일본 사람

❶ ❷ ❸

0624
American
미국 사람

❶ ❷ ❸

0625
Mexican
멕시코 사람

❶ ❷ ❸

0626
English
영어

❶ ❷ ❸

0627
French
프랑스어

❶ ❷ ❸

0628
Spanish
스페인어

❶ ❷ ❸

0629
Italian
이탈리아어, 이탈리아 사람

❶ ❷ ❸

0630
German
독일어, 독일 사람

❶ ❷ ❸

Step › 2　듣기 문제로 단어 익히기

보기

Italian	Korean	German	Spanish	Japanese
French	English	Mexican	Chinese	American

A 들려주는 영어 단어를 보기 에서 찾아 쓰고, 그 아래 빈칸에 해당하는 사진의 번호를 쓰세요.

1
_____

2
_____

3
_____

4
_____

□ □ □ □

B 들려주는 영어 단어를 보기 에서 찾아 쓰고, 괄호 안에서 알맞은 뜻을 고르세요.

1

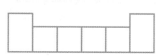

(프랑스어 / 중국어)

2

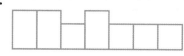

(독일 사람 / 이탈리아어)

3

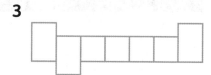

(일본어 / 스페인어)

4

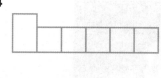

(한국어 / 프랑스어)

5

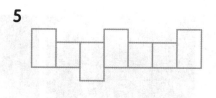

(미국 사람 / 영어)

6

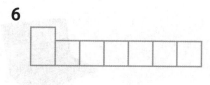

(독일어 / 멕시코 사람)

C 다음 사진을 보고, 빈칸에 우리말 뜻을 쓰고 영어 단어를 완성하세요.

1  → 한국어, 한국 사람 → ▢ o ▢ e a ▢

2  → 프랑스어 → Fr ▢ nc ▢

3  →  → ▢ ngl ▢ ▢ ▢

4  → 멕시코 사람 → ▢ ▢ xic ▢ ▢

5 → → S ▢ ▢ n ▢ ▢ ▢

D 다음 우리말을 표현한 영어 문장의 빈칸을 완성하세요.

1 나는 중국어를 공부하고 있습니다. → I am studying Chin_____ .

2 아빠는 독일 사람들과 일합니다. → Dad works with G___rm_____s .

3 이탈리아 사람들은 피자를 좋아합니다. → Ital_____s love pizza.

4 미국 사람들은 햄버거를 좋아합니다. → Ameri_____s love hamburgers.

5 나는 일본어를 말할 수 있습니다. → I can speak J___p___n_____ .

E 다음을 듣고 빈칸을 채워 문장을 완성한 후, 큰 소리로 따라하세요.

1 I am from China. I am _____.

나는 중국 출신입니다. 나는 중국 사람입니다.

2 I am from Japan. I speak _____.

나는 일본 출신입니다. 나는 일본어를 말합니다.

3 I am from America. I am _____.

나는 미국 출신입니다. 나는 미국 사람입니다.

4 I am from Italy. I speak _____.

나는 이탈리아 출신입니다. 나는 이탈리아어를 말합니다.

5 I am from Germany. I speak _____.

나는 독일 출신입니다. 나는 독일어를 말합니다.

📝 **Expressions**
- **be from ~** : ~ 출신이다
- **speak** : 말하다, 이야기하다

F 다음 글을 읽고, 물음에 답하세요. 2번은 글에 쓰인 표현을 사용해 답하세요.

I Am ....

I am from China. I am Chinese.

Chinese like the color red and the number eight.

I am from Japan. I speak Japanese.

Japanese like fish dishes and comic books.

I am from America. I am American.

Americans like football and basketball.

I am from Italy. I speak Italian.

Italians like pizza.

I am from Germany. I speak German.

Germans like funny jokes.

1. 윗글을 읽고 다음 그림의 내용에 맞는 '나라 사람'을 빈칸에 써넣으세요.

2. What do Chinese like?

➡ They _____ .

Quick Check

정답 및 해석 >> p37

● Day 03에서 학습한 단어들을 듣고 쓴 후, 그 단어의 우리말 뜻을 쓰세요.

1   ➡

2   ➡

3   ➡

4   ➡

5   ➡

6   ➡

7   ➡

8   ➡

9   ➡

10   ➡

✏️ 틀린 단어 써보기

DAY 04 Places (1) 장소 (1)

Step 1 듣고 따라하기

다음은 Day 04에서 공부할 10개의 단어입니다. 모든 단어는 세 번씩 읽어줍니다.
단어 아래 표기된 ❶, ❷, ❸에 ✓ 표시하며 큰 소리로 따라하세요.

0631
place
곳, 장소; 놓다, 두다

✓ ❷ ❸

0632
cafe
카페

❶ ❷ ❸

0633
restaurant
식당, 음식점

❶ ❷ ❸

0634
order
주문하다, 명령하다

❶ ❷ ❸

0635
park
공원; 주차하다

❶ ❷ ❸

0636
zoo
동물원

❶ ❷ ❸

0637
market
시장

❶ ❷ ❸

0638
church
교회
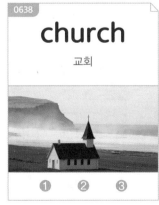
❶ ❷ ❸

0639
temple
사원, 절
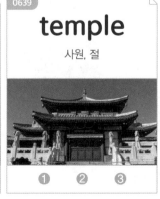
❶ ❷ ❸

0640
hospital
병원
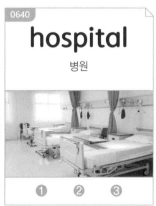
❶ ❷ ❸

보기

| temple | church | park | zoo | hospital |
| market | place | order | cafe | restaurant |

A 들려주는 영어 단어를 보기에서 찾아 쓰고, 그 아래 빈칸에 해당하는 사진의 번호를 쓰세요.

1

2

3

4

B 들려주는 영어 단어를 보기에서 찾아 쓰고, 괄호 안에서 알맞은 뜻을 고르세요.

1

(시장 / 동물원)

2

(장소 / 병원)

3

(교회 / 식당)

4

(장소 / 공원)

5

(주문하다 / 놓다)

6

(카페 / 사원, 절)

C   다음 사진을 보고, 빈칸에 우리말 뜻을 쓰고 영어 단어를 완성하세요.

1 → 주문하다, 명령하다 → ☐☐de☐

2 → ☐ → te☐pl☐

3 → 동물원 → ☐o☐

4 → 곳, 장소; 놓다, 두다 → ☐la☐☐

5 → ☐ → r☐st☐ra☐t

D   다음 우리말을 표현한 영어 문장의 빈칸을 완성하세요.

1   그들은 공원에서 산책을 합니다.   ➡ They take a walk in the p_____k .

2   그 새 병원은 여기에서 멀리 있습니다.   ➡ The new __o____it__l is far from here.

3   우리는 일요일마다 교회에 갑니다.   ➡ We go to _____ur_____ on Sundays.

4   나는 그 카페에서 친구들을 만납니다.   ➡ I meet my friends at the __a__e .

5   우리는 시장에서 채소를 좀 삽니다.   ➡ We buy some vegetables at the __a__k_____ .

E 다음을 듣고 빈칸을 채워 문장을 완성한 후, 큰 소리로 따라하세요.

1 Mom and I go to _____ on Sundays.

엄마와 나는 일요일마다 교회에 갑니다.

2 There are many _____ near the church.

교회 가까이에 많은 장소들이 있습니다.

3 We have lunch at a _____.

우리는 한 식당에서 점심을 먹습니다.

4 Mom has coffee and I have ice cream at a _____.

한 카페에서 엄마는 커피를 드시고 나는 아이스크림을 먹습니다.

5 Mom likes buying fresh fruit at the _____.

엄마는 시장에서 신선한 과일을 사는 것을 좋아합니다.

6 There is a _____ in the _____.

동물원에는 공원이 있습니다.

📝 Expressions
- go to church : 교회에 가다
- on Sundays : 일요일마다
- many : (수가) 많은
- near : ~ 가까이, ~ 근처에
- fresh : 신선한

F 다음 글을 읽고, 물음에 답하세요. 2번은 글에 쓰인 표현을 사용해 답하세요.

On Sundays

Mom and I go to church on Sundays.

There are many places near the church.

We have lunch at a restaurant.

We usually have sandwiches.

After lunch, mom has coffee and I have ice cream at a cafe.

We go to a market.

Mom likes buying fresh fruit at the market.

We go to the zoo.

There is a park in the zoo.

I like watching the animals. I like lions and monkeys.

1. 이야기의 순서대로 그림 아래에 1 ~ 4의 순서를 써넣으세요.

2. What animals do I like?

→ I _____ .

정답 및 해석 >> p38

Quick Check

● Day 04에서 학습한 단어들을 듣고 쓴 후, 그 단어의 우리말 뜻을 쓰세요.

1 _____ ➡ _____

2 _____ ➡ _____

3 _____ ➡ _____

4 _____ ➡ _____

5 _____ ➡ _____

6 _____ ➡ _____

7 _____ ➡ _____

8 _____ ➡ _____

9 _____ ➡ _____

10 _____ ➡ _____

✍️ 틀린 단어 써보기

_____

_____

_____

DAY 05

Places (2) 장소 (2)

 듣고 따라하기

다음은 Day 05에서 공부할 10개의 단어입니다. 모든 단어는 세 번씩 읽어줍니다.
단어 아래 표기된 ❶, ❷, ❸에 ✓ 표시하며 큰 소리로 따라하세요.

0641 **indoor** 실내의	0642 **outdoor** 야외의	0643 **bottom** 맨 아래 부분, 바닥

✓ ❷ ❸	❶ ❷ ❸	❶ ❷ ❸

0644 **office** 사무실	0645 **airport** 공항	0646 **gallery** 미술관	0647 **theater** 극장
			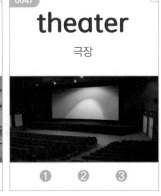
❶ ❷ ❸	❶ ❷ ❸	❶ ❷ ❸	❶ ❷ ❸

0648 **bookstore** 서점	0649 **harbor** 항구	0650 **square** 광장

❶ ❷ ❸	❶ ❷ ❸	❶ ❷ ❸

office	theater	airport	gallery	bookstore
harbor	outdoor	square	indoor	bottom

A 들려주는 영어 단어를 보기에서 찾아 쓰고, 그 아래 빈칸에 해당하는 사진의 번호를 쓰세요.

1

2

3

4

B 들려주는 영어 단어를 보기에서 찾아 쓰고, 괄호 안에서 알맞은 뜻을 고르세요.

1

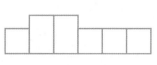

(미술관 / 사무실)

2

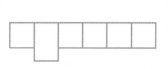

(광장 / 극장)

3

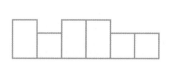

(서점 / 맨 아래 부분)

4

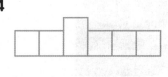

(실내의 / 야외의)

5

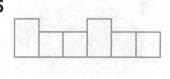

(광장 / 항구)

6

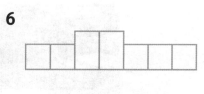

(야외의 / 공항)

C 다음 사진을 보고, 빈칸에 우리말 뜻을 쓰고 영어 단어를 완성하세요.

1 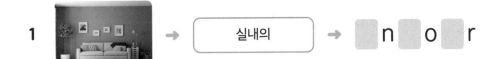 → [실내의] → ▢ n ▢ o ▢ r

2 → [야외의] → ▢ u ▢ ▢ oo ▢

3 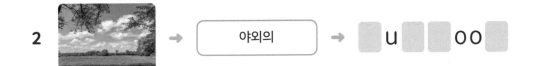 → [　　　] → ▢ f ▢ i ▢ e

4  → [　　　] → h ▢ r ▢ ▢ r

5  → [광장] → sq ▢ ▢ ▢ e

D 다음 우리말을 표현한 영어 문장의 빈칸을 완성하세요.

1 우리는 서점에서 교과서를 삽니다. → We buy textbooks at the b＿＿＿ksto＿＿＿＿ .

2 우리는 극장에서 영화를 봅니다. → We watch movies in the t＿＿＿＿＿ter .

3 그들은 공항에 늦게 도착했습니다. → They arrived late at the ＿＿ir＿＿＿＿＿＿t .

4 미술관에는 많은 그림들이 있습니다. → A ＿＿a＿＿le＿＿＿＿ has many pictures.

5 내 지갑이 내 가방 바닥에 있습니다. → My purse is at the b＿＿t＿＿＿＿＿ of my bag.

E 다음을 듣고 빈칸을 채워 문장을 완성한 후, 큰 소리로 따라하세요.

1 There is a ⬚ in the center of the town.

마을 중심에는 광장이 있습니다.

2 There is a ⬚ and I can see many pictures.

미술관이 있어서 나는 많은 그림들을 볼 수 있습니다.

3 There is a ⬚ and I can watch movies.

극장이 있어서 나는 영화를 볼 수 있습니다.

4 There is a ⬚ and I can read interesting books.

서점이 있어서 나는 흥미로운 책들을 읽을 수 있습니다.

5 My father's ⬚ is near the bookstore.

나의 아버지의 사무실은 서점 근처에 있습니다.

6 There is a ⬚ and I can see many boats.

항구가 있어서 나는 많은 배들을 볼 수 있습니다.

7 The ⬚ is near the harbor.

공항은 항구 가까이에 있습니다.

📝 **Expressions**
- town : 마을
- many : (수가) 많은
- watch a movie : 영화를 보다
- boat : (작은) 배, 보트
- near : ~ 가까이에, ~ 근처에

F 다음 글을 읽고, 물음에 답하세요. 2번은 글에 쓰인 표현을 사용해 답하세요.

Interesting Places in My Town

There are interesting places in my town.

There is a square in the center of the town.

There are many buildings around the square.

There is a gallery and I can see many pictures.

There is a theater and I can watch movies.

There is a bookstore and I can read interesting books.

My father's office is near the bookstore.

There is a harbor and I can see many boats.

The airport is near the harbor.

I can see many airplanes in the sky.

1. 다음 그림의 내용에 맞는 '건물명'을 윗글에서 찾아 빈칸에 쓰세요.

2. Where is the square?

➡ It is _____.

A 다음 사진에 해당하는 영어 단어를 고르세요.

1

[theater / gallery]

2

[social studies / P.E.]

3

[Spain / Japan]

4

[America / Mexico]

5

[harbor / temple]

6

[indoor / outdoor]

B 다음 영어 단어와 우리말 뜻을 선으로 연결하세요.

1 Korean •   • 과학

2 science •   • 음악

3 health •   • 한국어, 한국 사람

4 math •   • 역사

5 history •   • 보건, 건강

6 music •   • 일본어, 일본 사람

7 Japanese •   • 수학

C 다음 사진에 해당하는 영어 단어를 보기 에서 골라 쓰세요.

보기

| art | Korea | airport | bookstore |
| park | China | market | restaurant |

1

2

3

4

5

6

7

8

D 다음 우리말을 영어로 옮길 때, 빈칸에 알맞은 말을 보기 에서 골라 쓰세요.

보기

| zoo | place | square | English | hospital |

1 나는 영어를 공부합니다.　　　　　→ I study ....

2 광장에 한 카페가 있습니다.　　　　→ There is a cafe at the ....

3 의사는 병원에서 일합니다.　　　　→ A doctor works in a ....

4 나는 동물원에서 동물들에게 먹이를 줍니다.　→ I feed the animals at the ....

5 여기는 점심 먹기에 좋은 곳입니다.　→ This is a good .... for lunch.

정답 및 해석 >> p40

Quick Check

● Day 05에서 학습한 단어들을 듣고 쓴 후, 그 단어의 우리말 뜻을 쓰세요.

1   →

2   →

3   →

4   →

5   →

6   →

7   →

8   →

9   →

10   →

✏️ 틀린 단어 써보기

Step 1 듣고 따라하기

다음은 Day 06에서 공부할 10개의 단어입니다. 모든 단어는 세 번씩 읽어줍니다.
단어 아래 표기된 ❶, ❷, ❸에 ✔ 표시하며 큰 소리로 따라하세요.

0651
right
오른쪽; 옳은, 오른쪽의

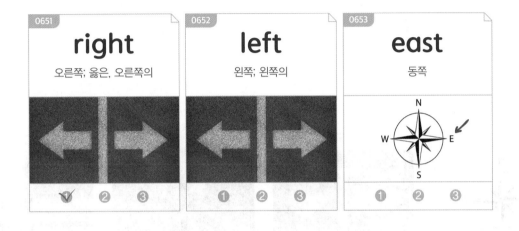

❶ ❷ ❸

0652
left
왼쪽; 왼쪽의

❶ ❷ ❸

0653
east
동쪽

❶ ❷ ❸

0654
west
서쪽

❶ ❷ ❸

0655
south
남쪽

❶ ❷ ❸

0656
north
북쪽

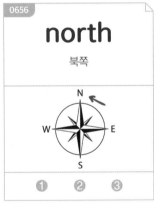

❶ ❷ ❸

0657
down
아래로

❶ ❷ ❸

0658
into
~ 안으로, ~ 속으로

❶ ❷ ❸

0659
across
가로질러; ~ 건너편에

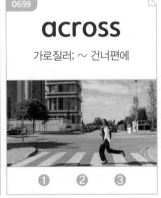

❶ ❷ ❸

0660
along
~을 따라, ~와 함께

❶ ❷ ❸

| left | west | east | down | south |
| into | north | right | across | along |

A 들려주는 영어 단어를 보기 에서 찾아 쓰고, 그 아래 빈칸에 해당하는 사진의 번호를 쓰세요.

1

2

3

4

B 들려주는 영어 단어를 보기 에서 찾아 쓰고, 괄호 안에서 알맞은 뜻을 고르세요.

1

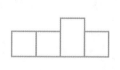

(아래로 / ~ 안으로)

2

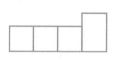

(서쪽 / 동쪽)

3

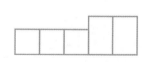

(북쪽 / 남쪽)

4

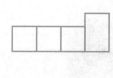

(왼쪽 / 동쪽)

5

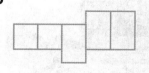

(오른쪽 / 아래로)

6

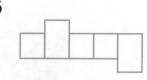

(~을 따라 / ~ 건너편에)

C 다음 사진을 보고, 빈칸에 우리말 뜻을 쓰고 영어 단어를 완성하세요.

1 → [　　　　] → ▢ ▢ g ▢ t

2 → [서쪽] → ▢ ▢ s t

3 → [~을 따라, ~와 함께] → ▢ l ▢ ▢ g

4 → [　　　　] → ▢ ▢ s t

5 → [~ 안으로, ~ 속으로] → i ▢ t ▢

D 다음 우리말을 표현한 영어 문장의 빈칸을 완성하세요.

1 그 고양이는 아래로 점프합니다. → The cat jumps d_____n .

2 남쪽에서 바람이 불어오고 있습니다. → The wind is blowing from the _____u_____ .

3 여러분의 왼쪽에서 그것을 볼 수 있습니다. → You can see it on your le_____ .

4 나는 서울의 북쪽에 삽니다. → I live in the ___o_____ of Seoul.

5 그 소년들이 수영해서 호수를 건넙니다. → The boys swim _____ros___ the lake.

E 다음을 듣고 빈칸을 채워 문장을 완성한 후, 큰 소리로 따라하세요.

1 There is a park in the [   ] of the town.

마을의 동쪽에는 공원이 있습니다.

2 I take a walk [   ] the lake in the park.

나는 그 공원의 호수를 따라 산책합니다.

3 A post office is in the [   ] of the town.

우체국이 마을의 남쪽에 있습니다.

4 There is a library [   ] from the post office.

우체국 건너편에 도서관이 있습니다.

5 My school is on the [   ] of the library.

나의 학교는 도서관의 오른쪽에 있습니다.

6 There are some stores in the [   ] of the town.

마을의 서쪽에 몇 개의 상점들이 있습니다.

7 My house is on the [   ] of the cafe.

나의 집은 카페의 왼쪽에 있습니다.

📑 **Expressions**
- town : (소)도시, 시내, 마을
- take a walk : 산책하다
- post office : 우체국
- store : 가게, 상점

F 다음 글을 읽고, 물음에 답하세요. 2번은 글에 쓰인 표현을 사용해 답하세요.

A Map of My Town

This is a map of my town.

There is a park in the east of the town.

I take a walk along the lake in the park.

A post office is in the south of the town.

There is a library across from the post office.

My school is on the right of the library.

I can read books after school.

There are some stores in the west of the town.

There are toy stores, restaurants, and a cafe.

My house is on the left of the cafe.

1. 다음 내용을 읽고, 윗글의 내용과 일치하면 T를, 일치하지 않으면 F를 쓰세요.

a. A park is in the west of the town.	
b. A library is across from the post office.	
c. My house is on the right of the cafe.	

2. What kinds of stores are there in the west of the town?

➡ There _____ .

정답 및 해석 >> p41

Quick Check

● Day 06에서 학습한 단어들을 듣고 쓴 후, 그 단어의 우리말 뜻을 쓰세요.

1 _____ ➡ _____

2 _____ ➡ _____

3 _____ ➡ _____

4 _____ ➡ _____

5 _____ ➡ _____

6 _____ ➡ _____

7 _____ ➡ _____

8 _____ ➡ _____

9 _____ ➡ _____

10 _____ ➡ _____

✏️ 틀린 단어 써보기

_____

_____

_____

Step > 1 듣고 따라하기

다음은 Day 07에서 공부할 10개의 단어입니다. 모든 단어는 세 번씩 읽어줍니다.
단어 아래 표기된 ❶, ❷, ❸에 ✔ 표시하며 큰 소리로 따라하세요.

0661
turn
차례; 돌다, 돌리다

✔ ❷ ❸

0662
return
돌아가다, 돌아오다

❶ ❷ ❸

0663
guide
안내하다

❶ ❷ ❸

0664
show
보여주다, 알려주다

❶ ❷ ❸

0665
find
발견하다, 찾다

❶ ❷ ❸

0666
miss
놓치다, 그리워하다

❶ ❷ ❸

0667
reach
닿다, 도착하다

❶ ❷ ❸

0668
base
맨 아래 부분, 기초

❶ ❷ ❸

0669
toward
~을 향하여

❶ ❷ ❸

0670
near
~ 가까이, ~ 근처에

❶ ❷ ❸

보기

return	find	turn	base	guide
toward	miss	near	show	reach

A 들려주는 영어 단어를 보기에서 찾아 쓰고, 그 아래 빈칸에 해당하는 사진의 번호를 쓰세요.

1

2

3

4

B 들려주는 영어 단어를 보기에서 찾아 쓰고, 괄호 안에서 알맞은 뜻을 고르세요.

1

(돌다 / 발견하다)

2

(~ 가까이 / 닿다)

3

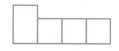

(차례 / 맨 아래 부분)

4

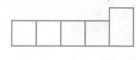

(돌아가다 / 도착하다)

5

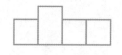

(보여주다 / 발견하다)

6

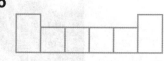

(~ 근처에 / ~을 향하여)

C 다음 사진을 보고, 빈칸에 우리말 뜻을 쓰고 영어 단어를 완성하세요.

1 ➔ | ~가까이, ~ 근처에 | ➔ n ☐ ☐ r

2 ➔ | ☐ | ➔ r ☐ ☐ c ☐

3 ➔ | ~을 향하여 | ➔ to ☐ ☐ r ☐

4 ➔ | 차례; 돌다, 돌리다 | ➔ tu ☐ ☐

5 ➔ | ☐ | ➔ s ☐ ☐ w

D 다음 우리말을 표현한 영어 문장의 빈칸을 완성하세요.

1 나는 밤에 별을 발견합니다. ➔ I ☐☐☐ n ☐☐ stars at night.

2 새들은 그들의 집으로 돌아갑니다. ➔ Birds r ☐☐ t ☐☐ rn to their home.

3 그 병은 맨 아래 부분이 무겁습니다. ➔ The bottle has a heavy ☐☐ a ☐☐ e .

4 아침에 버스를 놓치지 마세요! ➔ Do not ☐☐ i ☐☐ s the bus in the morning!

5 나는 그를 궁궐 주위로 안내합니다. ➔ I ☐☐☐☐ de him around the palace.

E 다음을 듣고 빈칸을 채워 문장을 완성한 후, 큰 소리로 따라하세요.

1 Go ⬚ the yellow building.

노란색 건물을 향해서 가세요.

2 ⬚ left at the end of the street.

길의 끝에서 왼쪽으로 도세요.

3 You can ⬚ the zoo on your right.

당신의 오른쪽에서 동물원을 찾을 수 있습니다.

4 There is a big sign ⬚ the zoo.

동물원 근처에 큰 표지판이 있습니다.

5 You can't ⬚ it.

당신은 그것을 틀림없이 찾을 것입니다.

6 You can ⬚ the zoo in 15 minutes.

당신은 15분 안에 동물원에 도착할 수 있습니다.

📝 **Expressions**

- building : 건물
- street : 거리
- big : 큰
- sign : 표지판

F 다음 글을 읽고, 물음에 답하세요. 2번은 글에 쓰인 표현을 사용해 답하세요.

Where Is the Zoo?

Lady   Excuse me, where is the zoo?

Boy   It is not far from here.

Can you see the yellow building?

Go toward the yellow building.

Turn left at the end of the street.

You can find the zoo on your right.

There is a big sign near the zoo. You can't miss it.

You can reach the zoo in 15 minutes.

Lady   Thank you.

Boy   You are welcome.

1. 다음을 읽고, 윗글의 내용과 일치하면 T를, 일치하지 않으면 F를 쓰세요.

a. The lady will find the zoo on her left.	
b. The lady will see a big sign around the zoo.	
c. In 15 minutes, the lady will arrive at the zoo.	

2. How does the lady go to the zoo?

➜ She goes _____ and _____

at the end of the street.

Quick Check

정답 및 해석 >> p42

● Day 07에서 학습한 단어들을 듣고 쓴 후, 그 단어의 우리말 뜻을 쓰세요.

1 ➡

2 ➡

3 ➡

4 ➡

5 ➡

6 ➡

7 ➡

8 ➡

9 ➡

10 ➡

✏️ 틀린 단어 써보기

DAY 08

Months and Seasons (1)
월과 계절 (1)

Step 1 듣고 따라하기

다음은 Day 08에서 공부할 10개의 단어입니다. 모든 단어는 세 번씩 읽어줍니다.
단어 아래 표기된 ❶, ❷, ❸에 ✓ 표시하며 큰 소리로 따라하세요.

0671	0672	0673
month	**year**	**season**
달, 월	해, 년	계절

✓ ❷ ❸	❶ ❷ ❸	❶ ❷ ❸

💡**TIPS** autumn과 fall은 동일하게 '가을'을 나타내는 단어이며, 미국에서는 fall을 더 많이 사용해요.

0674	0675	0676	0677
spring	**summer**	**autumn**	**fall**
봄	여름	가을	가을; 떨어지다

❶ ❷ ❸	❶ ❷ ❸	❶ ❷ ❸	❶ ❷ ❸

💡**TIPS** '월'을 표현하는 말은 첫 번째 글자를 항상 대문자로 써요!

0678	0679	0680
winter	**January**	**February**
겨울	1월	2월

❶ ❷ ❸	❶ ❷ ❸	❶ ❷ ❸

보기

fall	spring	winter	January	summer
year	month	season	autumn	February

A 들려주는 영어 단어를 보기 에서 찾아 쓰고, 그 아래 빈칸에 해당하는 사진의 번호를 쓰세요.

1 _____

2 _____

3 _____

4 _____

B 들려주는 영어 단어를 보기 에서 찾아 쓰고, 괄호 안에서 알맞은 뜻을 고르세요.

1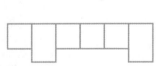

(계절 / 봄)

2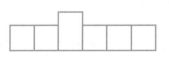

(가을 / 겨울)

3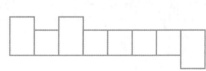

(1월 / 2월)

4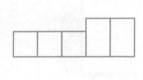

(해, 년 / 달, 월)

5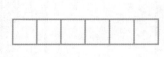

(여름 / 1월)

6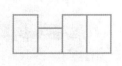

(봄 / 가을)

C 다음 사진을 보고, 빈칸에 우리말 뜻을 쓰고 영어 단어를 완성하세요.

1 → 2월 → F ☐ b ☐ u ☐ ry

2 → 달, 월 → m ☐ n ☐ ☐

3 → 봄 → s ☐ r ☐ n ☐

4 → ☐ → ☐ ☐ t ☐ ☐ n

5 → ☐ → s ☐ m ☐ ☐ r

D 다음 우리말을 표현한 영어 문장의 빈칸을 완성하세요.

1 한국은 사계절이 있습니다.
→ Korea has four s_____n s .

2 1월은 첫 번째 달입니다.
→ ____ _ n u ____ y is the first month.

3 나뭇잎들은 가을에 색을 바꿉니다.
→ Leaves change their color in _____l .

4 우리는 겨울에 야외 놀이를 즐깁니다.
→ We enjoy outdoor games in ____ n ___ er .

5 올해 비가 많이 내립니다.
→ We have much rain this y____r .

E 다음을 듣고 빈칸을 채워 문장을 완성한 후, 큰 소리로 따라하세요.

1 There are four ⬚⬚⬚ in a ⬚⬚⬚ in Korea.

한국에는 일 년에 사계절이 있습니다.

2 In ⬚⬚⬚ , the weather is warm.

봄에는 날씨가 따뜻합니다.

3 In ⬚⬚⬚ , it is very hot. It is the rainy ⬚⬚⬚ , too.

여름에는 매우 덥습니다. 장마철이기도 합니다.

4 In ⬚⬚⬚ , the weather is cool.

가을에는 날씨가 서늘합니다.

5 Many people go hiking in the mountains in ⬚⬚⬚ .

많은 사람들이 가을에 산에서 하이킹을 합니다.

6 In ⬚⬚⬚ , it is very cold. We have much snow in ⬚⬚⬚ .

겨울에는 매우 춥습니다. 겨울에는 많은 눈이 내립니다.

📝 Expressions

- **rainy season** : 우기, 장마철
- **too** : 또한, 역시
- **go hiking** : 도보여행가다, 하이킹가다
- **many** : (개수가) 많은
- **much** : (양이) 많은

F 다음 글을 읽고, 물음에 답하세요. 2번은 글에 쓰인 표현을 사용해 답하세요.

Four Seasons

There are four seasons in a year in Korea.

They are spring, summer, autumn, and winter.

In spring, the weather is warm.

We can see many flowers and green leaves.

In summer, it is very hot. It is the rainy season, too.

Many people go to the beach and swim in the sea.

In autumn, the weather is cool.

Many people go hiking in the mountains in fall.

In winter, it is very cold. We have much snow in winter.

Many people can enjoy winter sports in this season.

1. 다음을 읽고, 윗글의 내용과 일치하면 T를, 일치하지 않으면 F를 쓰세요.

a. There are many flowers and green leaves in spring.	
b. In summer, it is very hot and does not rain.	
c. Many people go hiking in the mountains in autumn.	

2. What can people do in winter?

➡ They can _____ in this season.

Quick Check

정답 및 해석 >> p43

● Day 08에서 학습한 단어들을 듣고 쓴 후, 그 단어의 우리말 뜻을 쓰세요.

1   →

2   →

3   →

4   →

5   →

6   →

7   →

8   →

9   →

10   →

✎ 틀린 단어 써보기

DAY 09

Months and Seasons (2)
월과 계절 (2)

Step > 1 듣고 따라하기

다음은 Day 09에서 공부할 10개의 단어입니다. 모든 단어는 세 번씩 읽어줍니다.

단어 아래 표기된 ❶, ❷, ❸에 ✔ 표시하며 큰 소리로 따라하세요.

0681 **March**
3월
✔① ② ③

0682 **April**
4월
① ② ③

0683 **May**
5월
① ② ③

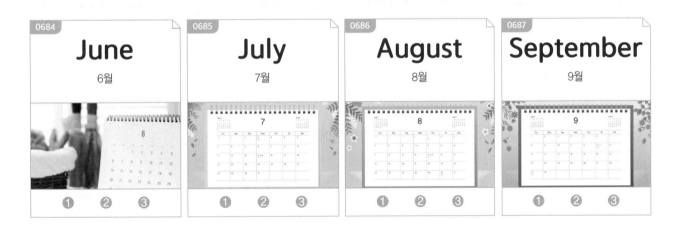

0684 **June**
6월
① ② ③

0685 **July**
7월
① ② ③

0686 **August**
8월
① ② ③

0687 **September**
9월
① ② ③

0688 **October**
10월
① ② ③

0689 **November**
11월
① ② ③

0690 **December**
12월
① ② ③

보기

June	May	March	October	November
April	July	August	December	September

A 들려주는 영어 단어를 (보기)에서 찾아 쓰고, 그 아래 빈칸에 해당하는 사진의 번호를 쓰세요.

1
_____

☐

2
_____

☐

3
_____

☐

4
_____

☐

B 들려주는 영어 단어를 (보기)에서 찾아 쓰고, 괄호 안에서 알맞은 뜻을 고르세요.

1

(6월 / 7월)

2

(10월 / 12월)

3

(9월 / 11월)

4

(3월 / 6월)

5

(4월 / 5월)

6

(11월 / 12월)

C 다음 사진을 보고, 빈칸에 우리말 뜻을 쓰고 영어 단어를 완성하세요.

1 → | 11월 | → ⬜⬜⬜ e m ⬜ e r

2 → | | → J ⬜ l ⬜

3 → | | → ⬜⬜ r i ⬜

4 → | | → J ⬜⬜ e

5 → | 9월 | → ⬜⬜⬜⬜ e m b e r

D 다음 우리말을 표현한 영어 문장의 빈칸을 완성하세요.

1 그 축제는 3월 15일입니다. → The festival is on ___ a ___ c ___ 15th.

2 5월에는 많은 축제들이 있습니다. → There are many festivals in ___ a ___ .

3 내 생일은 10월에 있습니다. → My birthday is in _____ b e r .

4 12월에는 눈이 많이 옵니다. → We have much snow in _____ m b e r .

5 우리는 8월에 스페인에 갈 것입니다. → We will go to Spain in A _____ s t .

E 다음을 듣고 빈칸을 채워 문장을 완성한 후, 큰 소리로 따라하세요.

1 The spring months are [   ], [   ], and May.

봄의 달은 3월, 4월, 그리고 5월입니다.

2 Koreans call [   ] "Family Month."

한국 사람들은 5월을 '가정의 달'이라고 부릅니다.

3 The summer months are [   ], [   ], and [   ].

여름의 달은 6월, 7월, 그리고 8월입니다.

4 People harvest in [   ] and [   ].

사람들은 9월과 10월에 추수합니다.

5 The winter months are [   ], January, and February.

겨울의 달은 12월, 1월, 그리고 2월입니다.

6 Students have winter vacation in [   ] and [   ].

학생들은 1월과 2월에 겨울 방학을 합니다.

📖 **Expressions**

- call A B : A를 B라고 부르다
- harvest : 추수하다
- vacation : 방학, 휴가

F 다음 글을 읽고, 물음에 답하세요. 2번은 글에 쓰인 표현을 사용해 답하세요.

Twelve Months

The spring months are March, April, and May.

Koreans call May "Family Month."

This month has Children's Day, Parents' Day, and Teachers' Day.

The summer months are June, July, and August.

Many people have a vacation in July or August.

They can have fun in the sea.

The autumn months are September, October, and November.

People harvest in September and October.

The winter months are December, January, and February.

Students have winter vacation in January and February.

They can enjoy winter sports during the vacation.

1. 다음 그림의 내용에 맞는 '달'을 윗글에서 찾아 빈칸에 써넣으세요.

2. When is the harvest time?

➡ The harvest time is _____.

정답 및 해석 >> p44

Quick Check

● Day 09에서 학습한 단어들을 듣고 쓴 후, 그 단어의 우리말 뜻을 쓰세요.

1   →

2   →

3   →

4   →

5   →

6   →

7   →

8   →

9   →

10   →

✎ 틀린 단어 써보기

DAY 10 Frequency 빈도

Step 1 듣고 따라하기

다음은 Day 10에서 공부할 10개의 단어입니다. 모든 단어는 세 번씩 읽어줍니다.
단어 아래 표기된 ❶, ❷, ❸에 ✔ 표시하며 큰 소리로 따라하세요.

0691	0692	0693
never	**sometimes**	**often**
결코[절대] ~ 않다	때때로, 가끔	자주, 흔히
	50%	70%
✔ ❷ ❸	❶ ❷ ❸	❶ ❷ ❸

0694	0695	0696	0697
usually	**always**	**time**	**once**
보통, 대개	항상, 언제나	~번, 때, 시간	한 번
90%	100%		
❶ ❷ ❸	❶ ❷ ❸	❶ ❷ ❸	❶ ❷ ❸

0698	0699	0700
twice	**almost**	**usual**
두 번	거의	흔히 하는, 평상시의
❶ ❷ ❸	❶ ❷ ❸	❶ ❷ ❸

보기

time	twice	often	always	usually
once	usual	never	almost	sometimes

A 들려주는 영어 단어를 보기 에서 찾아 쓰고, 그 아래 빈칸에 해당하는 사진의 번호를 쓰세요.

1 _____

2 _____

3 _____

4 _____

B 들려주는 영어 단어를 보기 에서 찾아 쓰고, 괄호 안에서 알맞은 뜻을 고르세요.

1
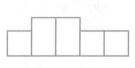
(결코 ~않다 / 자주)

2

(거의 / 평상시의)

3
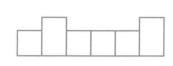
(거의 / 언제나)

4
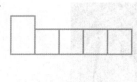
(때때로 / 두 번)

5
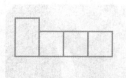
(~번 / 가끔)

6
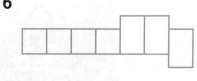
(보통 / 항상)

C 다음 사진을 보고, 빈칸에 우리말 뜻을 쓰고 영어 단어를 완성하세요.

1 → 평상시의 → u ☐ ☐ a ☐

2 70% → ☐ → of ☐ ☐ n

3 → ☐ → t ☐ i ☐ ☐

4 90% → 보통, 대개 → u ☐ ☐ al ☐ ☐

5 → 거의 → ☐ ☐ m ☐ s ☐

D 다음 우리말을 표현한 영어 문장의 빈칸을 완성하세요.

1 지금 몇 시인가요? → What t___m___ is it now?

2 우리 부모님은 항상 일찍 일어납니다. → My parents a___w___y___ wake up early.

3 나는 그녀를 한 달에 한 번 만납니다. → I meet her o_____e a month.

4 우리는 그 소녀를 결코 잊지 않습니다. → We _____er forget the girl.

5 그녀는 때때로 나에게 편지를 씁니다. → She s____eti_____ writes to me.

E 다음을 듣고 빈칸을 채워 문장을 완성한 후, 큰 소리로 따라하세요.

1 I ☐ get up at 7 o'clock.

나는 항상 7시 정각에 일어납니다.

2 I ☐ eat breakfast.

나는 가끔 아침 식사를 합니다.

3 I ☐ go to school by bike.

나는 보통 자전거를 타고 학교에 갑니다.

4 I am ☐ late for school.

나는 절대 학교에 지각하지 않습니다.

5 I do my homework after dinner ☐ every day.

나는 거의 매일 저녁 식사 후에 숙제를 합니다.

6 I play soccer with my friends ☐ a week.

나는 일주일에 두 번 나의 친구들과 축구합니다.

7 I go to bed at my ☐ time, 10 p.m.

나는 평소 자는 시간인 밤 10시에 자러 갑니다.

📝 **Expressions**
- **by bike** : 자전거를 타고
- **go to bed** : 자다
- **p.m.** : 오후(a.m. : 오전)

F 다음 글을 읽고, 물음에 답하세요. 2번은 글에 쓰인 표현을 사용해 답하세요.

My Daily Life

I always get up at 7 o'clock.

I sometimes eat breakfast.

I usually go to school by bike.

I am never late for school.

I usually walk in the park after school.

I do my homework after dinner almost every day.

I visit my grandparents once a week.

I play soccer with my friends twice a week.

I go to bed at my usual time, 10 p.m.

1. 다음을 읽고, 윗글의 내용과 일치하면 T를, 일치하지 않으면 F를 쓰세요.

a. I get up at 7 o'clock every day.	
b. I never play soccer with my friends.	
c. I usually go to bed at 10 p.m.	

2. What do I usually do after school?

➡ I _____ after school.

Review

A 다음 사진에 해당하는 영어 단어를 고르세요.

1

[summer / fall]

2

[south / north]

3

[right / left]

4

[down / into]

5

70%

[always / often]

6

[usual / once]

B 다음 영어 단어와 우리말 뜻을 선으로 연결하세요.

1	never •	• 달, 월
2	month •	• 8월
3	usually •	• 해, 년
4	December •	• ~ 가까이, ~ 근처에
5	near •	• 보통, 대개
6	August •	• 결코[절대] ~ 않다
7	year •	• 12월

C 다음 사진에 해당하는 영어 단어를 보기 에서 골라 쓰세요.

보기

left	turn	spring	winter
east	west	across	January

1

2

3

4

5

6

7

8

D 다음 우리말을 영어로 옮길 때, 빈칸에 알맞은 말을 보기 에서 골라 쓰세요.

보기

find	miss	show	reach	always

1 나의 부모님은 언제나 나를 사랑합니다. ➡ My parents .... love me.

2 그들은 오늘 런던에 도착합니다. ➡ They .... London today.

3 당신은 좋은 직업을 발견할 수 있습니다. ➡ You can .... a good job.

4 우리는 절대 버스를 놓치지 않습니다. ➡ We never .... the bus.

5 친구들은 나에게 그들의 사진을 보여줍니다. ➡ My friends .... me their pictures.

정답 및 해석 >> p46

 **Quick Check**

● Day 10에서 학습한 단어들을 듣고 쓴 후, 그 단어의 우리말 뜻을 쓰세요.

1 _____ → _____

2 _____ → _____

3 _____ → _____

4 _____ → _____

5 _____ → _____

6 _____ → _____

7 _____ → _____

8 _____ → _____

9 _____ → _____

10 _____ → _____

✎ 틀린 단어 써보기

_____

_____

_____

DAY 11

Holidays (1) 휴가 (1)

Step > 1 듣고 따라하기

다음은 Day 11에서 공부할 10개의 단어입니다. 모든 단어는 세 번씩 읽어줍니다.
단어 아래 표기된 ❶, ❷, ❸에 ✔ 표시하며 큰 소리로 따라하세요.

0701	0702	0703
holiday	**vacation**	**abroad**
휴가, 방학, 명절	방학, 휴가	해외로
	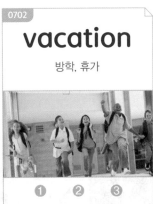	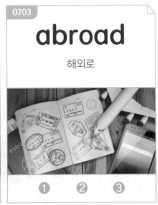
✔❶ ❷ ❸	❶ ❷ ❸	❶ ❷ ❸

💡**TIPS** travel은 비교적 긴 여행을 표현하며,
trip은 짧은 여행 또는 잠깐 다녀오는 이동이나 견학을 표현해요!

0704	0705	0706	0707
travel	**trip**	**enjoy**	**ticket**
여행하다, 이동하다	여행	즐기다	티켓, 표

❶ ❷ ❸	❶ ❷ ❸	❶ ❷ ❸	❶ ❷ ❸

0708	0709	0710
rest	**hotel**	**parade**
휴식; 쉬다	호텔	퍼레이드

❶ ❷ ❸	❶ ❷ ❸	❶ ❷ ❸

| ticket | hotel | parade | trip | abroad |
| travel | enjoy | holiday | rest | vacation |

A 들려주는 영어 단어를 보기에서 찾아 쓰고, 그 아래 빈칸에 해당하는 사진의 번호를 쓰세요.

1

_____

_____

_____

☐

2

_____

_____

_____

☐

3

_____

_____

_____

☐

4

_____

_____

_____

☐

B 들려주는 영어 단어를 보기에서 찾아 쓰고, 괄호 안에서 알맞은 뜻을 고르세요.

1

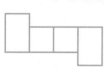

(여행 / 호텔)

2

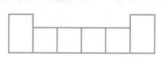

(방학 / 여행하다)

3

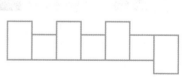

(해외로 / 휴가)

4

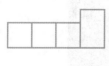

(휴식; 쉬다 / 표)

5

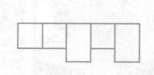

(여행 / 즐기다)

6

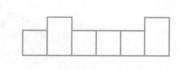

(해외로 / 퍼레이드)

C 다음 사진을 보고, 빈칸에 우리말 뜻을 쓰고 영어 단어를 완성하세요.

1 → 여행하다, 이동하다 → t □ a v □ □

2 → 휴가, 방학, 명절 → □ o □ i d □ y

3 → 여행 → t □ i □

4 → [　　　] → □ b r □ □ d

5 → [　　　] → □ e □ t

D 다음 우리말을 표현한 영어 문장의 빈칸을 완성하세요.

1 나는 수상 스포츠를 즐길 수 있습니다. → I can ___ n j ___ y water sports.

2 그 호텔은 공원 건너편에 있습니다. → The h ___ t ___ l is across from the park.

3 그는 연주회 티켓을 2장 삽니다. → He buys two concert t _____ k _____ s .

4 나는 방학 동안 부산에 갑니다. → I go to Busan during my v _____ a ___ i _____ .

5 퍼레이드는 나의 학교 근처에서 시작합니다. → The p ___ r _____ e begins near my school.

E 다음을 듣고 빈칸을 채워 문장을 완성한 후, 큰 소리로 따라하세요.

1 What will you do during your summer [＿＿＿＿]?

당신은 여름 방학 동안에 무엇을 할 것입니까?

2 I will [＿＿＿＿] [＿＿＿＿] with my family.

나는 가족과 해외로 여행을 갈 것입니다.

3 We will stay at a nice [＿＿＿＿] there.

우리는 그곳에서 멋진 호텔에 머물 것입니다.

4 I will [＿＿＿＿] summer sports with my friends.

나는 나의 친구들과 여름 스포츠를 즐길 것입니다.

5 I save money to buy a [＿＿＿＿] for the concert.

나는 콘서트 티켓을 사기 위해 돈을 저축합니다.

6 I just want to take a good [＿＿＿＿].

나는 그냥 푹 쉬고 싶습니다.

📝 **Expressions**
- stay : 머무르다
- take a good rest : 푹 쉬다

F 다음 글을 읽고, 물음에 답하세요. 2번은 글에 쓰인 표현을 사용해 답하세요.

Summer Vacation

What will you do during your summer vacation?

Ben   I will travel abroad with my family.

We will stay at a nice hotel there.

Lisa   I will enjoy summer sports with my friends.

We will go swimming and water skiing.

It will be fun.

Tom   I will go to a classical music concert.

I save money to buy a ticket for the concert.

Suji   I will stay at home during the vacation.

I just want to take a good rest.

1. 이야기의 순서대로 그림 아래에 1 ~ 3의 숫자를 써넣으세요.

2. Why does Tom save money?

→ Because he will _____ .

Quick Check

정답 및 해석 >> p47

● Day 11에서 학습한 단어들을 듣고 쓴 후, 그 단어의 우리말 뜻을 쓰세요.

1   ➡

2   ➡

3   ➡

4   ➡

5   ➡

6   ➡

7   ➡

8   ➡

9   ➡

10   ➡

✎ 틀린 단어 써보기

Holidays (2) 휴가 (2)

Step > 1 듣고 따라하기

다음은 Day 12에서 공부할 10개의 단어입니다. 모든 단어는 세 번씩 읽어줍니다.
단어 아래 표기된 ❶, ❷, ❸에 ✔ 표시하며 큰 소리로 따라하세요.

0711
beach
해변, 바닷가

✔ ❷ ❸

0712
sunglasses
선글라스

❶ ❷ ❸

0713
firework
불꽃놀이

❶ ❷ ❸

0714
hike
도보여행하다, 하이킹하다

❶ ❷ ❸

0715
tent
텐트

❶ ❷ ❸

0716
camp
야영지; 야영하다

❶ ❷ ❸

0717
lamp
램프, 등

❶ ❷ ❸

0718
picnic
소풍

❶ ❷ ❸

0719
lake
호수

❶ ❷ ❸

0720
pool
수영장

❶ ❷ ❸

| tent | lamp | pool | picnic | firework |
| lake | hike | camp | beach | sunglasses |

A 들려주는 영어 단어를 (보기)에서 찾아 쓰고, 그 아래 빈칸에 해당하는 사진의 번호를 쓰세요.

1 _____

2 _____

3 _____

4 _____

B 들려주는 영어 단어를 (보기)에서 찾아 쓰고, 괄호 안에서 알맞은 뜻을 고르세요.

1

(호수 / 램프, 등)

2

(소풍 / 야영지)

3

(불꽃놀이 / 텐트)

4

(도보여행하다 / 호수)

5

(해변 / 소풍)

6

(수영장 / 선글라스)

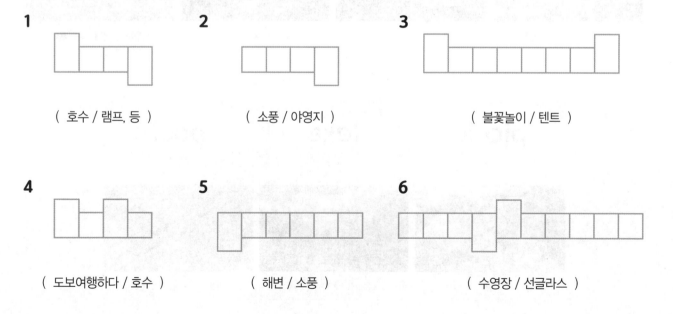

C 다음 사진을 보고, 빈칸에 우리말 뜻을 쓰고 영어 단어를 완성하세요.

1  → [　　　　　] → ☐☐ m ☐

2 → 도보여행하다, 하이킹하다 → h ☐ k ☐

3 → 선글라스 → s u n g l ☐ ☐ s ☐ ☐

4 → 램프, 등 → l ☐ m ☐

5 → [　　　　　] → f ☐ ☐ e w ☐ ☐ k

D 다음 우리말을 표현한 영어 문장의 빈칸을 완성하세요.

1 그 호텔에는 실내 수영장이 있습니다. → The hotel has an indoor __ o _____.

2 그들은 텐트에서 잡니다. → They sleep in a t_____t.

3 아빠는 호수에서 수영합니다. → Dad swims in the l__k__.

4 우리는 공원에서 소풍을 즐깁니다. → We enjoy our ___i__ni__ in the park.

5 우리는 해변을 따라 산책합니다. → We walk along the b_____ch.

E 다음을 듣고 빈칸을 채워 문장을 완성한 후, 큰 소리로 따라하세요.

1 I want to go to the ⬚.

나는 해변에 가고 싶습니다.

2 I want to rest on a beach chair with my ⬚ on.

나는 해변 의자에서 선글라스를 쓴 채 쉬고 싶습니다.

3 At night, I want to watch ⬚.

밤에 나는 불꽃놀이를 보고 싶습니다.

4 I want to sleep in a ⬚ with a lamp.

나는 램프가 있는 텐트에서 자고 싶습니다.

5 I want to go to a ⬚.

나는 호수에 가고 싶습니다.

6 I want to fish and have a ⬚.

나는 낚시를 하고 소풍을 가고 싶습니다.

📝 **Expressions**
- **at night** : 밤에
- **fish** : 낚시하다

F 다음 글을 읽고, 물음에 답하세요. 2번은 글에 쓰인 표현을 사용해 답하세요.

Family Vacation

My family's vacation is next month.

We are talking about our vacation.

Mom I want to go to the beach.

I want to rest on a beach chair with my sunglasses on.

At night, I want to watch fireworks.

I I want to go to the mountains.

I want to sleep in a tent with a lamp.

Dad I want to go to a lake. I want to fish and have a picnic.

Mom Oh, do you know Herbert Lake?

We can camp on the beach at the lake.

I can rest in a beach chair and you can fish.

1. 다음을 읽고, 윗글의 내용과 일치하면 T를, 일치하지 않으면 F를 쓰세요.

a. Mom wants to take a rest at the beach.	
b. I want to camp in the mountains.	
c. Dad wants to enjoy water sports in the lake.	

2. What does Mom want to do at night?

→ She _____ .

Quick Check

정답 및 해석 >> p48

● Day 12에서 학습한 단어들을 듣고 쓴 후, 그 단어의 우리말 뜻을 쓰세요.

1 →

2 →

3 →

4 →

5 →

6 →

7 →

8 →

9 →

10 →

✏️ 틀린 단어 써보기

DAY 13

Events (1) 행사 (1)

Step 1 듣고 따라하기

다음은 Day 13에서 공부할 10개의 단어입니다. 모든 단어는 세 번씩 읽어줍니다.
단어 아래 표기된 ❶, ❷, ❸에 ✓ 표시하며 큰 소리로 따라하세요.

0721
event
행사, 사건

✓ ❷ ❸

0722
party
파티

❶ ❷ ❸

💡TIPS 여러 개의 파티를 표현할 때는, parties로 써요.

0723
festival
축제

❶ ❷ ❸

0724
balloon
풍선

❶ ❷ ❸

0725
mask
가면, 마스크

❶ ❷ ❸

0726
candy
사탕

❶ ❷ ❸

💡TIPS 여러 개의 사탕을 표현할 때는, candies로 써요.

0727
card
카드

❶ ❷ ❸

0728
invite
초대하다

❶ ❷ ❸

0729
surprise
놀라게 하다; 놀라움

❶ ❷ ❸

0730
marry
결혼하다

❶ ❷ ❸

| card | party | event | marry | balloon |
| mask | invite | candy | festival | surprise |

A 들려주는 영어 단어를 보기 에서 찾아 쓰고, 그 아래 빈칸에 해당하는 사진의 번호를 쓰세요.

1

2

3

4

B 들려주는 영어 단어를 보기 에서 찾아 쓰고, 괄호 안에서 알맞은 뜻을 고르세요.

1

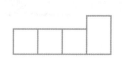

(가면 / 카드)

2

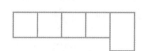

(초대하다 / 결혼하다)

3

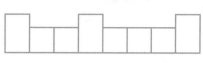

(축제 / 사탕)

4

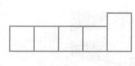

(풍선 / 행사)

5

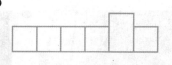

(소개하다 / 초대하다)

6

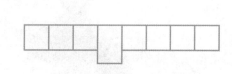

(놀라게 하다 / 웃게 하다)

C 다음 사진을 보고, 빈칸에 우리말 뜻을 쓰고 영어 단어를 완성하세요.

1  → [　　　　　] → ▢ e s t i ▢ a l

2 → [카드] → ▢ ▢ ▢ d

3  → [놀라게 하다; 놀라움] → s ▢ ▢ p ▢ ▢ ▢ e

4 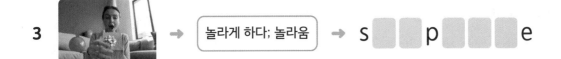 → [　　　　　] → m ▢ r ▢ y

5  → [행사] → ▢ ▢ e n ▢

D 다음 우리말을 표현한 영어 문장의 빈칸을 완성하세요.

1 나는 오늘 파티에 갑니다.
→ I go to the __a__t___ today.

2 풍선이 위로 올라가고 있습니다.
→ The b___l____n is going up.

3 그 아이가 나에게 사탕 하나를 줍니다.
→ The kid gives a _____n d___ to me.

4 그들은 퍼레이드에서 가면을 씁니다.
→ They wear m_____s in the parade.

5 그들은 나를 저녁 식사에 초대합니다.
→ They __n____t__ me to dinner.

💬 E   다음을 듣고 빈칸을 채워 문장을 완성한 후, 큰 소리로 따라하세요.

1 Are you planning a ⬚ ?

당신은 파티를 계획하고 있습니까?

2 We ⬚ people. We send them ⬚ .

우리는 사람들을 초대합니다. 우리는 그들에게 카드를 보냅니다.

3 We can set a table with good foods and ⬚ .

우리는 좋은 음식들과 사탕들로 식탁을 차릴 수 있습니다.

4 We have many colorful ⬚ .

우리는 많은 다채로운 풍선들을 가지고 있습니다.

5 Is it an ⬚ for your children?

당신의 자녀들을 위한 행사입니까?

6 Do you want to ⬚ them?

당신은 그들을 놀라게 하고 싶으십니까?

7 They can wear ⬚ and play games.

그들은 가면을 쓰고 게임을 할 수 있습니다.

📝 **Expressions**
- send : 보내다
- set a table : 상을 차리다
- many : (수가) 많은
- colorful : 다채로운

F 다음 글을 읽고, 물음에 답하세요. 2번은 글에 쓰인 표현을 사용해 답하세요.

Are You Planning a Party?

Are you planning a party?

Call us. We can help you have a fun party.

We invite people. We send them cards.

We set a table with good foods and candies.

We have many colorful balloons, too.

Is it an event for your children?

Do you want to surprise them?

We can help you give them a nice surprise.

They can wear masks and play games.

You can have fun with your family and friends.

1. 이야기의 순서대로 그림 아래에 1 ~ 3의 숫자를 써넣으세요.

2. What do we do to invite people?

➡ We _____ .

정답 및 해석 >> p49

Quick Check

● Day 13에서 학습한 단어들을 듣고 쓴 후, 그 단어의 우리말 뜻을 쓰세요.

1   →

2   →

3   →

4   →

5   →

6   →

7   →

8   →

9   →

10   →

✎ 틀린 단어 써보기

DAY 14

Events (2) 행사 (2)

Step 1 듣고 따라하기

다음은 Day 14에서 공부할 10개의 단어입니다. 모든 단어는 세 번씩 읽어줍니다.
단어 아래 표기된 ❶, ❷, ❸에 ✓ 표시하며 큰 소리로 따라하세요.

0731	0732	0733
host	**hug**	**handshake**
(손님을 초대한) 주인; 주최하다	껴안다; 포옹	악수

✓ ❷ ❸	❶ ❷ ❸	❶ ❷ ❸

0734	0735	0736	0737
tea	**snack**	**gift**	**congratulate**
차	간식	선물	축하하다

❶ ❷ ❸	❶ ❷ ❸	❶ ❷ ❸	❶ ❷ ❸

0738	0739	0740
graduate	**recreation**	**wedding**
졸업하다	오락, 레크리에이션	결혼, 결혼식

❶ ❷ ❸	❶ ❷ ❸	❶ ❷ ❸

| host | gift | wedding | recreation | congratulate |
| snack | hug | tea | graduate | handshake |

A 들려주는 영어 단어를 보기에서 찾아 쓰고, 그 아래 빈칸에 해당하는 사진의 번호를 쓰세요.

1

2

3

4

B 들려주는 영어 단어를 보기에서 찾아 쓰고, 괄호 안에서 알맞은 뜻을 고르세요.

1

(껴안다 / 차)

2

(간식 / 선물)

3

(악수 / 오락)

4

(주인 / 선물)

5

(결혼식 / 악수)

6

(졸업하다 / 축하하다)

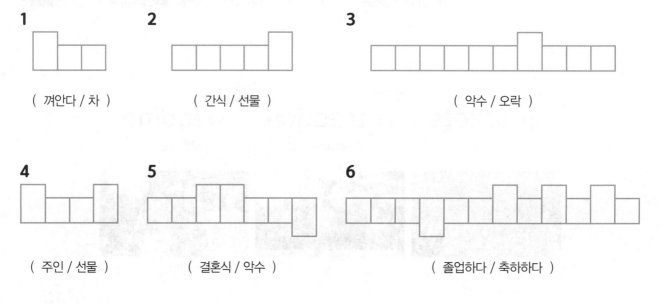

C　다음 사진을 보고, 빈칸에 우리말 뜻을 쓰고 영어 단어를 완성하세요.

1　 → (손님을 초대한) 주인; 주최하다 → h ⬜ s ⬜

2　 → ⬜ → s n ⬜ ⬜ k

3　 → 결혼, 결혼식 → w ⬜ d ⬜ i n g

4　 → ⬜ → t ⬜ ⬜

5　 → 오락 → ⬜ e ⬜ r e ⬜ t ⬜ ⬜ n

D　다음 우리말을 표현한 영어 문장의 빈칸을 완성하세요.

1　나는 내 친구에게 선물을 줍니다.　→ I give a g_____ to my friend.

2　엄마와 아빠는 자주 나를 껴안아줍니다.　→ Mom and Dad often h___g me.

3　친구들이 나를 축하해줍니다.　→ My friends cong_____late me.

4　그와의 악수는 좋았다.　→ The h_____d_____a___e with him was good.

5　그들은 고등학교를 졸업합니다.　→ They ___r___d_____te from high school.

E 다음을 듣고 빈칸을 채워 문장을 완성한 후, 큰 소리로 따라하세요.

1 The ⬚⬚⬚ of the party is my aunt.

그 파티의 주인은 나의 이모입니다.

2 I ⬚⬚⬚ my mother and father.

나는 나의 어머니와 아버지를 껴안습니다.

3 My aunt does a ⬚⬚⬚ with my father.

나의 이모는 아버지와 악수합니다.

4 We have ⬚⬚⬚ , ⬚⬚⬚ , and fruit, too.

우리는 차, 간식, 그리고 과일 또한 먹습니다.

5 She gives a ⬚⬚⬚ to me.

그녀는 나에게 선물을 줍니다.

6 I ⬚⬚⬚ you.

나는 당신을 축하합니다.

7 You will ⬚⬚⬚ from elementary school soon.

당신은 곧 초등학교를 졸업할 것입니다.

📝 **Expressions**
- too : 또한, 역시
- elementary school : 초등학교

F 다음 글을 읽고, 물음에 답하세요. 2번은 글에 쓰인 표현을 사용해 답하세요.

Thanksgiving Day

My family go to a party on Thanksgiving Day.

The host is my aunt. She hugs my mother and me.

She does a handshake with my father.

At dinner, we have turkey and vegetables. I love them.

We have tea, snack, and fruit, too.

My aunt gives a gift to me and says, "I congratulate you!

You will graduate from elementary school soon."

It is new shoes for me and I am very happy.

I love you, aunt!

1. 다음을 읽고, 윗글의 내용과 일치하면 T를, 일치하지 않으면 F를 쓰세요.

a. My aunt hosts a party on Thanksgiving Day.	
b. My aunt invites my family.	
c. My aunt gives my father a hug.	

2. Why does my aunt give a gift to me?

➡ Because I will _____ .

Quick Check

정답 및 해석 >> p50

● Day 14에서 학습한 단어들을 듣고 쓴 후, 그 단어의 우리말 뜻을 쓰세요.

1   ➡

2   ➡

3   ➡

4   ➡

5   ➡

6   ➡

7   ➡

8   ➡

9   ➡

10   ➡

✍ 틀린 단어 써보기

Tastes 맛

Step > 1 듣고 따라하기

다음은 Day 15에서 공부할 10개의 단어입니다. 모든 단어는 세 번씩 읽어줍니다.
단어 아래 표기된 ❶, ❷, ❸에 ✓ 표시하며 큰 소리로 따라하세요.

0741 **eat** 먹다	0742 **taste** 맛; 맛이 ~하다	0743 **good** 좋은

❶ ❷ ❸	❶ ❷ ❸	❶ ❷ ❸

0744 **bad** 안 좋은	0745 **sweet** 달콤한, 단	0746 **salty** 짠, 짭짤한	0747 **bitter** 맛이 쓴

❶ ❷ ❸	❶ ❷ ❸	❶ ❷ ❸	❶ ❷ ❸

0748 **sour** 신, 시큼한	0749 **delicious** 아주 맛있는	0750 **spicy** 양념 맛이 강한

❶ ❷ ❸	❶ ❷ ❸	❶ ❷ ❸

eat	sour	good	taste	delicious
bad	salty	spicy	bitter	sweet

A 들려주는 영어 단어를 보기 에서 찾아 쓰고, 그 아래 빈칸에 해당하는 사진의 번호를 쓰세요.

1 _____

2 _____

3 _____

4 _____

B 들려주는 영어 단어를 보기 에서 찾아 쓰고, 괄호 안에서 알맞은 뜻을 고르세요.

1

(좋은 / 안 좋은)

2

(맛이 ~하다 / 신)

3

(양념 맛이 강한 / 아주 맛있는)

4

(먹다 / 맛이 쓴)

5

(달콤한 / 짠, 짭짤한)

6

(맛이 쓴 / 단)

C 다음 사진을 보고, 빈칸에 우리말 뜻을 쓰고 영어 단어를 완성하세요.

1 [ ] → s [ ] l t [ ]

2 [좋은] → g [ ] [ ] d

3 [맛이 쓴] → b i [ ] [ ] [ ] [ ]

4 [ ] → d [ ] l i [ ] i [ ] [ ] s

5 [맛; 맛이 ~하다] → t [ ] s t [ ]

D 다음 우리말을 표현한 영어 문장의 빈칸을 완성하세요.

1 그 케이크는 내게는 너무 답니다.
→ The cake is too s___ ___e___ for me.

2 나는 양념이 강한 음식을 안 좋아합니다.
→ I do not like s___i___ ___ food.

3 레몬은 신맛이 납니다.
→ Lemons taste s___ ___ r .

4 우리는 8시에 아침 식사를 합니다.
→ We ___a___ breakfast at 8 o'clock.

5 그 음식은 맛이 좋지 않습니다.
→ The food has a b___ ___ taste.

E 다음을 듣고 빈칸을 채워 문장을 완성한 후, 큰 소리로 따라하세요.

1 There are four basic ⬚ .

네 가지 기본적인 맛이 있습니다.

2 Children like the ⬚ taste.

어린이들은 단맛을 좋아합니다.

3 Sweet foods are ⬚ .

달콤한 음식들은 맛있습니다.

4 We can find the ⬚ taste in lemons and limes.

우리는 레몬과 라임에서 신맛을 찾을 수 있습니다.

5 We can find the ⬚ taste in potato chips and cheese.

우리는 감자칩이나 치즈에서 짠맛을 찾을 수 있습니다.

6 Many green vegetables ⬚ ⬚ .

많은 녹색 채소들은 쓴맛이 납니다.

7 Bitter foods are usually ⬚ for the body.

쓴 음식들은 보통 몸에 좋습니다.

📝 **Expressions**

• basic : 기본적인
• lemon : 레몬
• lime : 라임
• potato chip : 감자를 얇게 썰어 튀긴 것, 감자칩

F 다음 글을 읽고, 물음에 답하세요. 2번은 글에 쓰인 표현을 사용해 답하세요.

How Many Tastes Are There?

There are four basic tastes: sweet, sour, salty, and bitter.

SWEET   Children like the sweet taste.

Sweet foods are delicious.

Honey and candies taste sweet.

SOUR   We can find the sour taste in lemons and limes.

Sour foods make us feel fresh.

SALTY   We can find the salty taste in potato chips and cheese.

It makes many foods taste better.

BITTER   Many children do not like the bitter taste.

Many green vegetables taste bitter.

Bitter foods are usually good for the body.

1. 다음 그림의 내용에 맞는 '맛'을 윗글에서 찾아 빈칸에 써넣으세요.

2. What taste can we find in potato chips and cheese?

➡ We can _____ .

A 다음 사진에 해당하는 영어 단어를 고르세요.

1

[picnic / hike]

2

[beach / pool]

3

[bitter / salty]

4

[firework / festival]

5

[balloon / candy]

6

[holiday / wedding]

B 다음 영어 단어와 우리말 뜻을 선으로 연결하세요.

1 marry •

2 hug •

3 gift •

4 handshake •

5 trip •

6 enjoy •

7 congratulate •

• 즐기다

• 여행

• 결혼하다

• 축하하다

• 선물

• 껴안다; 포옹

• 악수

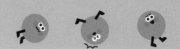

C 다음 사진에 해당하는 영어 단어를 (보기)에서 골라 쓰세요.

보기

bad	sour	sweet	vacation
lake	party	ticket	rest

1

_____

2

_____

3

_____

4

_____

5

_____

6

_____

7

_____

8

_____

D 다음 우리말을 영어로 옮길 때, 빈칸에 알맞은 말을 (보기)에서 골라 쓰세요.

보기

eat	invite	travel	surprise	graduate

1 우리는 이탈리아로 여행합니다.   ➜ We _____ to Italy.

2 나는 항상 아침을 먹습니다.   ➜ I always _____ breakfast.

3 그의 반 친구들이 그를 놀라게 합니다.   ➜ His classmates _____ him.

4 나는 초등학교를 졸업합니다.   ➜ I _____ from elementary school.

5 그들은 나를 그들의 나라에 초대합니다.   ➜ They _____ me to their country.

정답 및 해석 >> p52

Quick Check

● Day 15에서 학습한 단어들을 듣고 쓴 후, 그 단어의 우리말 뜻을 쓰세요.

1 _____ ➡ _____

2 _____ ➡ _____

3 _____ ➡ _____

4 _____ ➡ _____

5 _____ ➡ _____

6 _____ ➡ _____

7 _____ ➡ _____

8 _____ ➡ _____

9 _____ ➡ _____

10 _____ ➡ _____

✎ 틀린 단어 써보기

_____
_____
_____

DAY 16 Size and Length (1) 크기와 길이 (1)

Step 1 듣고 따라하기

다음은 Day 16에서 공부할 10개의 단어입니다. 모든 단어는 세 번씩 읽어줍니다.
단어 아래 표기된 ❶, ❷, ❸에 ✓ 표시하며 큰 소리로 따라하세요.

0751
size
크기, 치수

✓ ❷ ❸

0752
power
힘
❶ ❷ ❸

0753
big
(치수가) 큰

❶ ❷ ❸

0754
small
(크기가) 작은

❶ ❷ ❸

0755
narrow
좁은
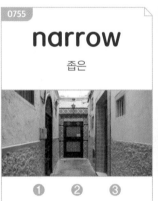
❶ ❷ ❸

0756
wide
넓은

❶ ❷ ❸

0757
tall
키가 큰, 높은

❶ ❷ ❸

0758
short
키가 작은, (길이가) 짧은

❶ ❷ ❸

0759
long
(길이가) 긴, 오래

❶ ❷ ❸

0760
meter
미터

❶ ❷ ❸

| tall | size | wide | small | power |
| big | long | short | meter | narrow |

A 들려주는 영어 단어를 보기 에서 찾아 쓰고, 그 아래 빈칸에 해당하는 사진의 번호를 쓰세요.

1

2

3

4

B 들려주는 영어 단어를 보기 에서 찾아 쓰고, 괄호 안에서 알맞은 뜻을 고르세요.

1

(큰 / 작은)

2

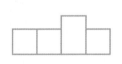

(짧은 / 넓은)

3

(힘 / 크기)

4

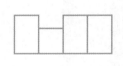

(좁은 / 키가 큰, 높은)

5

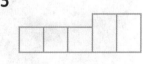

(작은 / 긴, 오래)

6

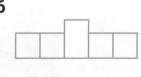

(치수 / 미터)

C 다음 사진을 보고, 빈칸에 우리말 뜻을 쓰고 영어 단어를 완성하세요.

1  → [　　　] → [ ] i [ ]

2 → [　　　] → t [ ][ ] l

3  → [미터] → [ ] e [ ] e [ ]

4  → [넓은] → w [ ] d [ ]

5  → [힘] → p [ ] w [ ] r

D 다음 우리말을 표현한 영어 문장의 빈칸을 완성하세요.

1 그 소년은 키가 작습니다.　→ The boy is _____t .

2 그 길은 좁습니다.　→ The street is n___rr___w .

3 소녀는 긴 머리를 하고 있습니다. → The girl has l___n___ hair.

4 두 병은 같은 크기입니다.　→ Two bottles are the same _____e .

5 그 옷들은 저에게 작습니다.　→ The clothes are s m_____ for me.

E 다음을 듣고 빈칸을 채워 문장을 완성한 후, 큰 소리로 따라하세요.

1 There are no clouds in the [   ], blue sky.

넓고 푸른 하늘에 구름이 없습니다.

2 There are a [   ] elephant and a [   ] mouse under a tree.

커다란 코끼리 한 마리와 작은 생쥐 한 마리가 나무 아래에 있습니다.

3 I want to eat some fruit, but I am too [   ].

나는 과일이 좀 먹고 싶지만, 나는 키가 너무 작습니다.

4 The two animals look at the [   ] tree.

그 두 동물은 키가 큰 나무를 바라봅니다.

5 You have a [   ] nose.

당신은 코가 깁니다.

📝 **Expressions**
- too : 너무
- look at : ~을 쳐다보다

F 다음 글을 읽고, 물음에 답하세요. 2번은 글에 쓰인 표현을 사용해 답하세요.

An Elephant and a Mouse

It is a sunny afternoon.

There are no clouds in the wide, blue sky.

There are a big elephant and a small mouse under a tree.

The mouse wants to eat the fruit of the tree.

But the tree is very tall.

The mouse says to the elephant.

"Can you help me? I want to eat some fruit, but I am too short."

"I am sorry, but I can't climb up the tree.

And I do not have a ladder," says the elephant.

The two animals look at the tall tree. Then the mouse shouts,

"Hey, you have a long nose! You can help me."

---

1. 다음을 읽고, 윗글의 내용과 일치하면 T를, 일치하지 않으면 F를 쓰세요.

a. The weather is good in the afternoon.	
b. The mouse and the elephant are under a short tree.	
c. The elephant can help the mouse with its nose.	

2. What does the mouse want to do?

➡ The mouse _____ .

정답 및 해석 >> p53

Quick Check

● Day 16에서 학습한 단어들을 듣고 쓴 후, 그 단어의 우리말 뜻을 쓰세요.

1   →

2   →

3   →

4   →

5   →

6   →

7   →

8   →

9   →

10   →

✍ 틀린 단어 써보기

DAY 17 Size and Length (2) 크기와 길이 (2)

Step 1 듣고 따라하기

다음은 Day 17에서 공부할 10개의 단어입니다. 모든 단어는 세 번씩 읽어줍니다.
단어 아래 표기된 ❶, ❷, ❸에 ✓ 표시하며 큰 소리로 따라하세요.

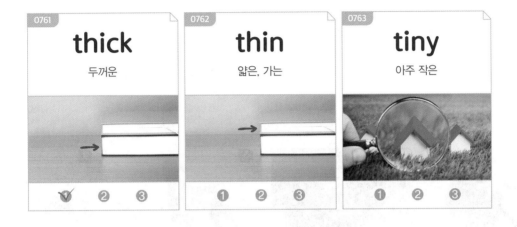

0761	0762	0763
thick 두꺼운	**thin** 얇은, 가는	**tiny** 아주 작은
❶ ❷ ❸	❶ ❷ ❸	❶ ❷ ❸

  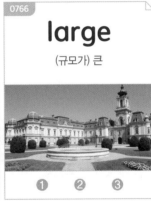 

0764	0765	0766	0767
little (크기·규모가) 작은	**great** (보통 이상으로) 큰, 아주 좋은	**large** (규모가) 큰	**huge** (크기가) 엄청난, 거대한
❶ ❷ ❸	❶ ❷ ❸	❶ ❷ ❸	❶ ❷ ❸

0768	0769	0770
grand 웅장한	**broad** (폭이) 넓은	**half** 반, 절반
❶ ❷ ❸	❶ ❷ ❸	❶ ❷ ❸

보기

| half | tiny | thick | huge | grand |
| thin | little | large | great | broad |

A 들려주는 영어 단어를 [보기]에서 찾아 쓰고, 그 아래 빈칸에 해당하는 사진의 번호를 쓰세요.

1

2

3

4

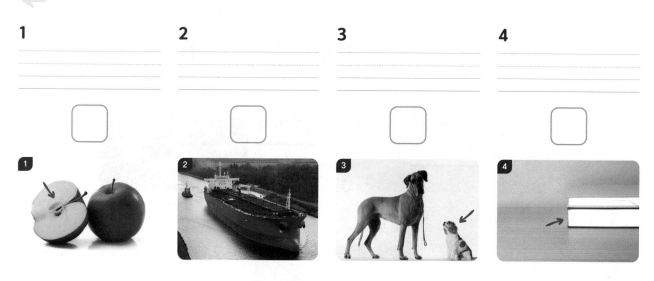

B 들려주는 영어 단어를 [보기]에서 찾아 쓰고, 괄호 안에서 알맞은 뜻을 고르세요.

1

(얇은, 가는 / 두꺼운)

2

(작은 / 큰)

3

(두꺼운 / 웅장한)

4

(반 / 아주 작은)

5

(큰, 아주 좋은 / 작은)

6

(엄청난 / 넓은)

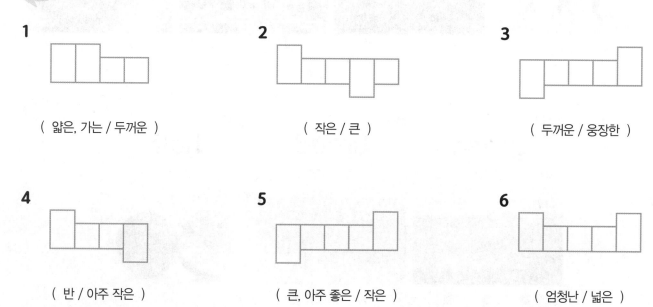

C 다음 사진을 보고, 빈칸에 우리말 뜻을 쓰고 영어 단어를 완성하세요.

1  → (규모가) 큰 → l ☐ ☐ ☐ e

2  → ☐ → ☐ ☐ i n

3 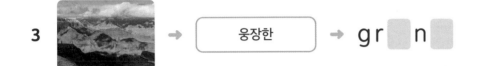 → 웅장한 → g r ☐ n ☐

4  → (폭이) 넓은 → b r ☐ ☐ d

5  → ☐ → t ☐ n ☐

D 다음 우리말을 표현한 영어 문장의 빈칸을 완성하세요.

1 그 배는 거대합니다.
→ The ship is ___ u ___ e .

2 한국은 아주 좋은 나라입니다.
→ Korea is a g _____ t country.

3 바닥 위에 작은 상자가 있습니다.
→ There is a li _____ e box on the floor.

4 그 과일의 절반은 (상태가) 나쁩니다.
→ _____ f of the fruit is bad.

5 나의 형은 두꺼운 책을 읽습니다.
→ My brother reads a t h _____ book.

E 다음을 듣고 빈칸을 채워 문장을 완성한 후, 큰 소리로 따라하세요.

1 I like the [   ] and [   ] trees on the mountain.

나는 산에 있는 (몸통이) 두껍고 거대한 나무를 좋아합니다.

2 They look [   ].

그것들은 웅장해 보입니다.

3 There are [   ] plants under the [   ] trees.

큰 나무들 아래에 작은 식물들이 있습니다.

4 I can see [   ] insects and small animals.

나는 아주 작은 곤충들과 작은 동물들을 볼 수 있습니다.

5 [   ] way down the mountain, I see a [   ] stream.

산을 절반 정도 내려니 (폭이) 넓은 개울이 보입니다.

📓 **Expressions**
- insect : 곤충
- way : 거리, 길
- stream : 개울, 시내

F 다음 글을 읽고, 물음에 답하세요. 2번은 글에 쓰인 표현을 사용해 답하세요.

Going Hiking

My father and I go hiking every Saturday.

I like the thick and huge trees on the mountain.

They look grand.

There are little plants under the large trees.

I can see tiny insects and small animals, too.

Half way down the mountain, I see a broad stream.

The water is clean and cold.

I wash my face with the water.

It makes me feel fresh.

1. 이야기의 순서대로 그림 아래에 1 ~ 4의 숫자를 써넣으세요.

2. What do I see in the middle of the mountain?

➡ I _____ .

Quick Check

정답 및 해석 >> p54

● Day 17에서 학습한 단어들을 듣고 쓴 후, 그 단어의 우리말 뜻을 쓰세요.

1 ➡

2 ➡

3 ➡

4 ➡

5 ➡

6 ➡

7 ➡

8 ➡

9 ➡

10 ➡

✎ 틀린 단어 써보기

Quantity (1) 수량 (1)

Step > 1 듣고 따라하기

다음은 Day 18에서 공부할 10개의 단어입니다. 모든 단어는 세 번씩 읽어줍니다.
단어 아래 표기된 ❶, ❷, ❸에 ✓ 표시하며 큰 소리로 따라하세요.

0771 **many** 많은; 많은 사람들	0772 **much** 많은; 많이	0773 **any** (의문문) 얼마간의, (부정문) 조금도, 아무도
 ✓ ❷ ❸	 ❶ ❷ ❸	 ❶ ❷ ❸

0774 **some** (긍정문) 얼마간의, 약간의	0775 **every** 모든	0776 **each** 각각의; 각각	0777 **few** 약간의, 거의 없는
 ❶ ❷ ❸	 ❶ ❷ ❸	 ❶ ❷ ❸	 ❶ ❷ ❸

💡**TIPS** few는 우리말로 '약간의'라는 뜻으로 해석되지만, '(약간 있긴 하지만) 거의 없는'이라는
의미를 전달해요. few를 사용해서 '약간 있는'의 의미를 표현할 때는 a few로 써요.

0778 **several** 몇 개의	0779 **both** 둘 다; 둘 다의	0780 **double** 두 배; 두 배의
 ❶ ❷ ❸	 ❶ ❷ ❸	❶ ❷ ❸

any	each	many	every	several
few	both	much	some	double

A 들려주는 영어 단어를 보기 에서 찾아 쓰고, 그 아래 빈칸에 해당하는 사진의 번호를 쓰세요.

1

2

3

4

B 들려주는 영어 단어를 보기 에서 찾아 쓰고, 괄호 안에서 알맞은 뜻을 고르세요.

1

(많은 / 약간의)

2

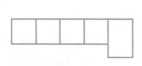

(모든 / 얼마간의)

3

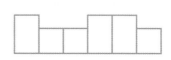

(둘 다 / 두 배)

4

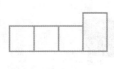

(각각의 / 모든)

5

(약간의 / 많은)

6

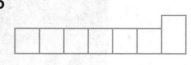

(조금도 / 몇 개의)

C 다음 사진을 보고, 빈칸에 우리말 뜻을 쓰고 영어 단어를 완성하세요.

1 → (긍정문) 얼마간의, 약간의 → s ☐ ☐ e

2 → ☐ → d ☐ ☐ b l ☐

3 → 몇 개의 → s e ☐ ☐ ☐ a ☐

4 → ☐ → ☐ v ☐ r ☐

5 → 각각의; 각각 → e ☐ c ☐

D 다음 우리말을 표현한 영어 문장의 빈칸을 완성하세요.

1 길에 사람이 거의 없습니다. → _____ w people are in the street.

2 많은 사람들이 그 도시에 있습니다. → M_____ people are in the city.

3 나는 지금 돈이 조금도 없습니다. → I do not have ___n___ money now.

4 엄마는 하루에 많은 물을 마십니다. → Mom drinks m_____h water a day.

5 두 선수 모두 훌륭합니다. → _____h players are great.

E 다음을 듣고 빈칸을 채워 문장을 완성한 후, 큰 소리로 따라하세요.

1 [_____] friends will come to my party.

많은 친구들이 나의 파티에 올 것입니다.

2 How [_____] food do we need?

우리는 얼마나 많은 음식이 필요합니까?

3 A lot. We do not have [_____] food at home.

많이요. 우리는 집에 음식이 많이 없습니다.

4 Do we have [_____] candies or chocolate?

우리에게 사탕이나 초콜릿이 좀 있습니까?

5 Let's give [_____] friend [_____] flowers.

각각의 친구들에게 꽃을 좀 줍시다.

6 [_____] places are not far from here.

두 곳 모두 여기서 멀지 않습니다.

📝 **Expressions**
- a lot : 많이
- at home : 집에

F 다음 글을 읽고, 물음에 답하세요. 2번은 글에 쓰인 표현을 사용해 답하세요.

Suji's Party

Suji Dad, many friends will come to my party.

Dad How much food do we need?

Suji A lot. We do not have much food at home.

Dad We need some sandwiches, chicken, and pizza.

Suji Do we have any candies or chocolate?

Dad Yes, there are some candies and chocolate in the kitchen.
Let's give each friend some flowers.

Suji Good idea! Let's go to a bakery and a flower shop.

Dad Both places are not far from here. Let's go!

Suji We can order chicken and pizza by phone. Let's go!

1. 다음을 읽고, 윗글의 내용과 일치하면 T를, 일치하지 않으면 F를 쓰세요.

a. Suji invites many friends for her party.	
b. They do not have any food at home.	
c. They will not go to the pizza house.	

2. What will Dad and Suji give to Suji's friends?

➡ They will _____.

정답 및 해석 >> p55

Quick Check

● Day 18에서 학습한 단어들을 듣고 쓴 후, 그 단어의 우리말 뜻을 쓰세요.

1 _____ ➡ _____

2 _____ ➡ _____

3 _____ ➡ _____

4 _____ ➡ _____

5 _____ ➡ _____

6 _____ ➡ _____

7 _____ ➡ _____

8 _____ ➡ _____

9 _____ ➡ _____

10 _____ ➡ _____

✎ 틀린 단어 써보기

_____
_____
_____

Quantity (2) 수량 (2)

다음은 Day 19에서 공부할 10개의 단어입니다. 모든 단어는 세 번씩 읽어줍니다.
단어 아래 표기된 ❶, ❷, ❸에 ✔ 표시하며 큰 소리로 따라하세요.

0781

add
더하다

✔ ❷ ❸

0782

all
모든; 모두

❶ ❷ ❸

0783

part
일부, 약간, 부분

❶ ❷ ❸

0784

full
가득한, 아주 많은

❶ ❷ ❸

0785

heavy
(양이 보통보다) 많은, 무거운

❶ ❷ ❸

0786

weight
무게

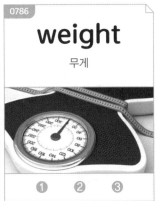

❶ ❷ ❸

0787

height
높이, 키

❶ ❷ ❸

0788

most
가장 많은, 대부분의

❶ ❷ ❸

0789

only
유일한; 오직

❶ ❷ ❸

0790

enough
충분한; 충분히

❶ ❷ ❸

---

all	full	part	heavy	weight
add	only	most	height	enough

A 들려주는 영어 단어를 보기 에서 찾아 쓰고, 그 아래 빈칸에 해당하는 사진의 번호를 쓰세요.

1

2

3

4

B 들려주는 영어 단어를 보기 에서 찾아 쓰고, 괄호 안에서 알맞은 뜻을 고르세요.

1

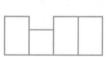

(일부 / 가득한)

2

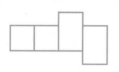

(유일한 / 무게)

3

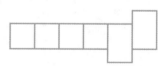

(높이 / 충분한)

4

(더하다 / 모든)

5

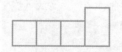

(대부분의 / 높이)

6

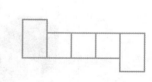

(부분 / 무거운)

C 다음 사진을 보고, 빈칸에 우리말 뜻을 쓰고 영어 단어를 완성하세요.

1  → [   ] → m [ ] s [ ]

2 → [   ] → o [ ][ ] y

3 → [모든; 모두] → [ ][ ] l

4 → [많은, 무거운] → [ ] e [ ][ ] y

5 → [충분한; 충분히] → [ ] n o [ ][ ][ ]

D 다음 우리말을 표현한 영어 문장의 빈칸을 완성하세요.

1 나의 키는 120cm입니다.
→ My [_____]ght is 120 cm.

2 그것은 오직 일부입니다.
→ It is only a [_____]t .

3 당신의 수프에 약간의 소금을 더하세요.
→ A[_____] some salt to your soup.

4 그 컵은 커피로 가득합니다.
→ The cup is [_____]l of coffee.

5 그 곰의 무게는 357kg입니다.
→ The bear's [_____]ght is 357 kg.

E 다음을 듣고 빈칸을 채워 문장을 완성한 후, 큰 소리로 따라하세요.

1 [＿＿＿＿＿] my friends are tall.

나의 모든 친구들은 키가 큽니다.

2 [＿＿＿＿＿] kids want to be tall.

대부분의 아이들이 키가 크는 것을 원합니다.

3 You are [＿＿＿＿＿] ten years old and you are growing.

당신은 아직 열 살이고 자라는 중입니다.

4 Don't worry about your [＿＿＿＿＿] too much.

당신의 키에 대해 너무 많이 걱정하지 마세요.

5 Get [＿＿＿＿＿] sleep at night.

밤에 충분히 자세요.

📖 **Expressions**
- grow : 자라다, 성장하다
- worry about : ～에 대해 걱정하다
- at night : 밤에

F 다음 글을 읽고, 물음에 답하세요. 2번은 글에 쓰인 표현을 사용해 답하세요.

Ben's Letter to Anny

Dear Anny,

I am ten years old and I am too short.

All my friends are tall. I want to be tall. What can I do?

Worried,

Ben

Anny's Reply to Ben

Dear Ben,

Most kids want to be tall.

You are only ten years old and you are growing.

Don't worry about your height too much.

Get enough sleep at night. Eat enough vegetables and meat.

You will become tall soon.

Best wishes,

Anny

---

1. 다음을 읽고, 윗글의 내용과 일치하면 T를, 일치하지 않으면 F를 쓰세요.

a. Ben is happy about his height.	
b. Ben's wish is to become tall.	
c. Vegetables and meat are good for making you tall.	

2. Why does Anny say to Ben "Don't worry?"

➡ Because he _____ and he _____ .

정답 및 해석 >> p56

Quick Check

● Day 19에서 학습한 단어들을 듣고 쓴 후, 그 단어의 우리말 뜻을 쓰세요.

1   ➡

2   ➡

3   ➡

4   ➡

5   ➡

6   ➡

7   ➡

8   ➡

9   ➡

10   ➡

✎ 틀린 단어 써보기

DAY 20 Character 성격

Step 1 듣고 따라하기

다음은 Day 20에서 공부할 10개의 단어입니다. 모든 단어는 세 번씩 읽어줍니다.
단어 아래 표기된 ❶, ❷, ❸에 ✓ 표시하며 큰 소리로 따라하세요.

0791
wise
지혜로운, 현명한

✓ ❷ ❸

0792
smart
영리한, 똑똑한

❶ ❷ ❸

0793
clever
영리한, 똑똑한

❶ ❷ ❸

💡**TIPS** smart가 '많이 알고, 빨리 배운다'는 의미에서 똑똑하다는 것을 표현한다면,
clever는 좀 더 '창의적이고 복잡한 것[방법]'으로 똑똑하다는 느낌을 전달해요.

0794
quiet
말이 별로 없는, 조용한

❶ ❷ ❸

0795
mild
순한, 온화한

❶ ❷ ❸

0796
honest
정직한

❶ ❷ ❸

0797
active
활동적인, 적극적인

❶ ❷ ❸

0798
lazy
게으른

❶ ❷ ❸

0799
fool
바보; 어리석은

❶ ❷ ❸

0800
selfish
이기적인

❶ ❷ ❸

| lazy | mild | selfish | active | smart |
| fool | wise | quiet | clever | honest |

A 들려주는 영어 단어를 보기에서 찾아 쓰고, 그 아래 빈칸에 해당하는 사진의 번호를 쓰세요.

1

2

3

4

B 들려주는 영어 단어를 보기에서 찾아 쓰고, 괄호 안에서 알맞은 뜻을 고르세요.

1

(조용한 / 현명한)

2

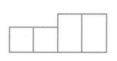

(온화한 / 정직한)

3

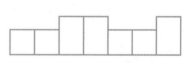

(이기적인 / 똑똑한)

4

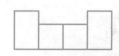

(게으른 / 어리석은)

5

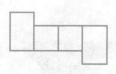

(영리한 / 게으른)

6

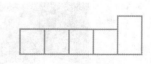

(똑똑한 / 활동적인)

C 다음 사진을 보고, 빈칸에 우리말 뜻을 쓰고 영어 단어를 완성하세요.

1  → [　　　　] → [ ] o o [ ]

2 → 똑똑한, 영리한 → s [ ] a [ ][ ]

3 → [　　　　] → l [ ] z [ ]

4 → 지혜로운, 현명한 → [ ][ ][ ] e

5 → 순한, 온화한 → m [ ][ ] d

D 다음 우리말을 표현한 영어 문장의 빈칸을 완성하세요.

1 나의 학생들은 정직합니다. → My students are _____ s t .

2 내 아이들은 활동적입니다. → My kids are _____ i v e .

3 학생들은 도서관에서 조용합니다. → Students are q_____ t in the library.

4 그 소녀는 매우 영리합니다. → The girl is very _____ v e r .

5 나는 이기적인 사람들을 좋아하지 않습니다. → I do not like _____ f i s h people.

E 다음을 듣고 빈칸을 채워 문장을 완성한 후, 큰 소리로 따라하세요.

1 He is [   ] and [   ].

그는 현명하고 똑똑합니다.

2 My mother is [   ].

나의 어머니는 조용합니다.

3 She is not [   ], but she is not [   ].

그녀는 활동적이지 않지만, 게으르지 않습니다.

4 She is a [   ] woman.

그녀는 온화한 여성입니다.

5 My brother is [   ].

나의 형은 영리합니다.

F 다음 글을 읽고, 물음에 답하세요. 2번은 글에 쓰인 표현을 사용해 답하세요.

About My Family

Let me tell you about my family.

My father is very tall.

He is wise and smart.

He helps me do my homework and teaches me math.

My mother is quiet.

She is not active, but she is not lazy.

She is a mild woman. I love her very much.

My brother is clever.

We often play computer games together and he always wins.

I love my family!

1. 다음을 읽고, 윗글의 내용과 일치하면 T를, 일치하지 않으면 F를 쓰세요.

a. My father helps me study.	
b. My mother is mild and active.	
c. My brother often wins the computer games.	

2. What is my father like?

➡ He _____ .

Review

다음 사진에 해당하는 영어 단어를 고르세요.

1

[half / add]

2

[thick / thin]

3

[tiny / huge]

4

[clever / active]

5

[only / most]

6

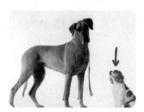

[heavy / little]

다음 영어 단어와 우리말 뜻을 선으로 연결하세요.

1 lazy •　　　　　　　　　• 충분한; 충분히

2 height •　　　　　　　　　• 큰, 아주 좋은

3 weight •　　　　　　　　　• 크기, 치수

4 enough •　　　　　　　　　• 무게

5 size •　　　　　　　　　• 힘

6 great •　　　　　　　　　• 게으른

7 power •　　　　　　　　　• 높이, 키

132 초등영단어 Level 3

C 다음 사진에 해당하는 영어 단어를 보기에서 골라 쓰세요.

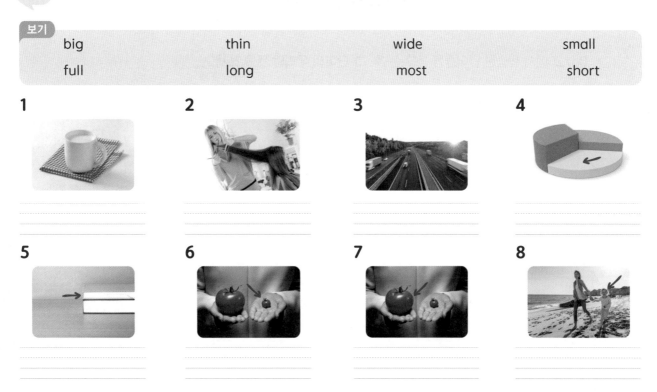

보기

big	thin	wide	small
full	long	most	short

1

_____

2

_____

3

_____

4

_____

5

_____

6

_____

7

_____

8

_____

D 다음 우리말을 영어로 옮길 때, 빈칸에 알맞은 말을 보기에서 골라 쓰세요.

보기

tall	many	every	large	honest

1 그 아이들은 정직합니다.   → The kids are _____.

2 우리는 큰 피자를 한 판 삽니다.   → We buy a _____ pizza.

3 대부분의 모델들은 키가 큽니다.   → Most models are _____.

4 동물원에 많은 동물들이 있습니다.   → There are _____ animals in the zoo.

5 할아버지는 모든 꽃에 물을 주십니다.   → Grandpa waters _____ flower.

정답 및 해석 >> p58

Quick Check

● Day 20에서 학습한 단어들을 듣고 쓴 후, 그 단어의 우리말 뜻을 쓰세요.

1 _____ ➡ _____

2 _____ ➡ _____

3 _____ ➡ _____

4 _____ ➡ _____

5 _____ ➡ _____

6 _____ ➡ _____

7 _____ ➡ _____

8 _____ ➡ _____

9 _____ ➡ _____

10 _____ ➡ _____

✎ 틀린 단어 써보기

_____

_____

_____

DAY 21 Appearance (1) 외양 (1)

Step > 1 듣고 따라하기

다음은 Day 21에서 공부할 10개의 단어입니다. 모든 단어는 세 번씩 읽어줍니다.

단어 아래 표기된 ❶, ❷, ❸에 ✔ 표시하며 큰 소리로 따라하세요.

0801
pretty
예쁜; 꽤

✔ ❷ ❸

0802
handsome
잘생긴

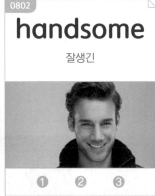

❶ ❷ ❸

0803
beauty
아름다움, 미인

❶ ❷ ❸

0804
ugly
못생긴, 보기 싫은

❶ ❷ ❸

0805
beautiful
아름다운

❶ ❷ ❸

0806
cute
귀여운

❶ ❷ ❸

0807
lovely
사랑스러운, 어여쁜

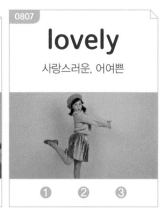

❶ ❷ ❸

0808
charming
매력적인

❶ ❷ ❸

0809
elegant
우아한

❶ ❷ ❸

0810
than
~보다

❶ ❷ ❸

---

cute	than	pretty	elegant	charming
ugly	lovely	beauty	beautiful	handsome

A 들려주는 영어 단어를 보기에서 찾아 쓰고, 그 아래 빈칸에 해당하는 사진의 번호를 쓰세요.

1

2

3

4

B 들려주는 영어 단어를 보기에서 찾아 쓰고, 괄호 안에서 알맞은 뜻을 고르세요.

1

(~보다 / 우아한)

2

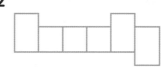

(귀여운 / 아름다움)

3

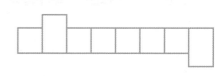

(매력적인 / 못생긴)

4

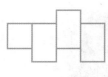

(못생긴 / 귀여운)

5

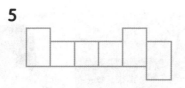

(사랑스러운 / 꽤)

6

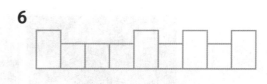

(잘생긴 / 아름다운)

C 다음 사진을 보고, 빈칸에 우리말 뜻을 쓰고 영어 단어를 완성하세요.

1  → [　　　　] → ☐☐ a ☐ m i n g

2 → [사랑스러운, 어여쁜] → l o v ☐☐☐

3 → [　　　　] → t ☐☐ n

4 → [아름다움, 미인] → b ☐☐☐ t ☐

5 → [아름다운] → b ☐☐☐ t i f u l

D 다음 우리말을 표현한 영어 문장의 빈칸을 완성하세요.

1 나의 어린 여동생은 귀엽습니다. → My baby sister is c____e .

2 그 무용수는 우아합니다. → The dancer is _____ant .

3 그 남자는 잘생겼습니다. → The man is h_____some .

4 그녀는 손이 예쁩니다. → She has p_____ty hands.

5 저 못생긴 개 좀 봐! → Look at that _____y dog!

E 다음을 듣고 빈칸을 채워 문장을 완성한 후, 큰 소리로 따라하세요.

1 She is [   ] and kind.

그녀는 예쁘고 친절합니다.

2 She is [   ].

그녀는 사랑스럽습니다.

3 She lives with seven [   ] little people.

그녀는 일곱 명의 못생긴 작은 사람들과 함께 삽니다.

4 Princess number three is Sleeping [   ].

공주 3번은 잠자는 미녀입니다.

5 She is [   ] and [   ].

그녀는 아름답고 우아합니다.

6 She is waiting for a [   ] and [   ] prince.

그녀는 잘생기고 매력적인 왕자를 기다리고 있습니다.

📝 **Expressions**
- number : 숫자, 번호
- sleeping : 잠자는, 자고 있는
- wait for ~ : ~를 기다리다

F 다음 글을 읽고, 물음에 답하세요. 2번은 글에 쓰인 표현을 사용해 답하세요.

Who Do You Like?

Princess number one is Cinderella.

She is pretty and kind. She likes cooking.

But if you want to see her, hurry!

You can't see her after 12 o'clock at night.

Princess number two is Snow White.

She is lovely. She has white skin and black hair.

She lives with seven ugly little people.

Princess number three is Sleeping Beauty.

She is beautiful and elegant.

She is waiting for a handsome and charming prince.

Who do you like among these three?

1. 다음을 읽고, 윗글의 내용과 일치하면 T를, 일치하지 않으면 F를 쓰세요.

a. We can meet Cinderella before 12 o'clock at night.	
b. Snow White lives with other people.	
c. Sleeping Beauty is waiting for a prince.	

2 What does Snow White have?

➡ She _____ .

Quick Check

정답 및 해석 >> p59

● Day 21에서 학습한 단어들을 듣고 쓴 후, 그 단어의 우리말 뜻을 쓰세요.

1   →

2   →

3   →

4   →

5   →

6   →

7   →

8   →

9   →

10   →

✏️ 틀린 단어 써보기

학습한 날 : _____ / _____

다음은 Day 22에서 공부할 10개의 단어입니다. 모든 단어는 세 번씩 읽어줍니다.
단어 아래 표기된 ❶, ❷, ❸에 ✓ 표시하며 큰 소리로 따라하세요.

0811

image
이미지

✓ ❷ ❸

0812

slim
날씬한

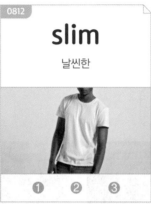

❶ ❷ ❸

0813

fat
뚱뚱한

❶ ❷ ❸

0814

stout
(사람이) 통통한

❶ ❷ ❸

0815

curly
곱슬곱슬한

❶ ❷ ❸

0816

bald
대머리의

❶ ❷ ❸

0817

splendid
아주 좋은

❶ ❷ ❸

0818

vivid
(빛·색이) 선명한, 밝은

❶ ❷ ❸

0819

brilliant
(빛·색이) 아주 선명한,
(재능이) 뛰어난

❶ ❷ ❸

0820

colorful
다채로운

❶ ❷ ❸

fat	bald	curly	image	colorful
slim	vivid	stout	brilliant	splendid

A 들려주는 영어 단어를 보기에서 찾아 쓰고, 그 아래 빈칸에 해당하는 사진의 번호를 쓰세요.

1

2

3

4

B 들려주는 영어 단어를 보기에서 찾아 쓰고, 괄호 안에서 알맞은 뜻을 고르세요.

1

(아주 좋은 / 선명한)

2

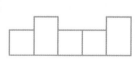

(통통한 / 날씬한)

3

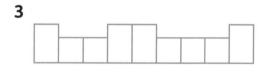

(뛰어난 / 대머리의)

4

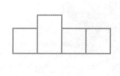

(뚱뚱한 / 날씬한)

5

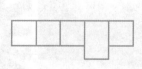

(아주 좋은 / 이미지)

6

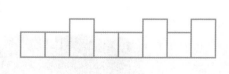

(다채로운 / 곱슬곱슬한)

C 다음 사진을 보고, 빈칸에 우리말 뜻을 쓰고 영어 단어를 완성하세요.

1 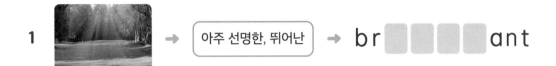 → [아주 선명한, 뛰어난] → b r ☐ ☐ ☐ ☐ a n t

2 → [☐] → s ☐ ☐ m

3 → [이미지] → ☐ m ☐ g ☐

4 → [☐] → c ☐ l ☐ r f ☐ l

5 → [통통한] → s ☐ ☐ ☐ t

D 다음 우리말을 표현한 영어 문장의 빈칸을 완성하세요.

1 그는 점점 더 뚱뚱해지고 있습니다.　　　→ He is getting ___a___ .

2 그 남자는 대머리입니다.　　　　　　　→ The man is b_____ .

3 그 여자아이는 곱슬곱슬한 머리입니다.　→ The girl has c_____y hair.

4 그 남자는 선명한 파란색 눈을 가지고 있습니다.　→ The man has v_____d blue eyes.

5 그 방은 아주 좋습니다.　　　　　　　→ The room is sp_____id .

E 다음을 듣고 빈칸을 채워 문장을 완성한 후, 큰 소리로 따라하세요.

1 The man is [   ] and [   ].

그 남자는 뚱뚱하고 대머리입니다.

2 The boy is small and [   ].

그 소년은 작고 날씬합니다.

3 He has [   ] hair.

그는 곱슬머리입니다.

4 You have a [   ] smile.

당신은 아주 멋진 미소를 가지고 있습니다.

5 He paints his house with [   ] colors.

그는 자신의 집을 밝은 색깔들로 칠합니다.

6 People like his [   ] house.

사람들은 색이 다채로운 그의 집을 좋아합니다.

📝 **Expressions**
- smile : 미소; 미소짓다
- paint : 페인트칠하다

F 다음 글을 읽고, 물음에 답하세요. 2번은 글에 쓰인 표현을 사용해 답하세요.

Mr. Smith and a Boy

Mr. Smith is fat and bald. His house is gray and dark.

One day, a boy throws a ball. It falls into Mr. Smith's garden.

The boy is small and slim. He has curly hair.

He is afraid of Mr. Smith.

But Mr. Smith does not get angry or shout.

He smiles and gives the ball back to the boy.

The boy says, "Thank you and you have a splendid smile!"

Mr. Smith is happy.

He paints his house with vivid colors.

People like his colorful house now.

And they are not afraid of him.

1. 이야기의 순서대로 그림 아래에 1 ~ 3의 숫자를 써넣으세요.

2. Why do people like Mr. Smith's house now?

➡ Because Mr. Smith _____ .

정답 및 해석 >> p60

Quick Check

● Day 22에서 학습한 단어들을 듣고 쓴 후, 그 단어의 우리말 뜻을 쓰세요.

1 　　　　　　　　　　　➡　　　　　　　　　　　

2 　　　　　　　　　　　➡　　　　　　　　　　　

3 　　　　　　　　　　　➡　　　　　　　　　　　

4 　　　　　　　　　　　➡　　　　　　　　　　　

5 　　　　　　　　　　　➡　　　　　　　　　　　

6 　　　　　　　　　　　➡　　　　　　　　　　　

7 　　　　　　　　　　　➡　　　　　　　　　　　

8 　　　　　　　　　　　➡　　　　　　　　　　　

9 　　　　　　　　　　　➡　　　　　　　　　　　

10 　　　　　　　　　　　➡　　　　　　　　　　　

✎ 틀린 단어 써보기

DAY 23 Shapes 모양

Step 1 듣고 따라하기

다음은 Day 23에서 공부할 10개의 단어입니다. 모든 단어는 세 번씩 읽어줍니다.
단어 아래 표기된 ❶, ❷, ❸에 ✔ 표시하며 큰 소리로 따라하세요.

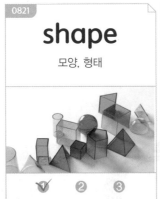

0821
shape
모양, 형태
✔ ❷ ❸

0822
rectangle
직사각형
❶ ❷ ❸

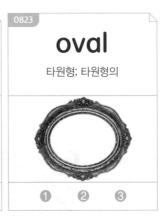

0823
oval
타원형; 타원형의
❶ ❷ ❸

0824
circle
동그라미, 원
❶ ❷ ❸

0825
triangle
삼각형
❶ ❷ ❸

0826
heart
하트 (모양), 심장
❶ ❷ ❸

0827
arrow
화살, 화살표
❶ ❷ ❸

0828
round
둥근, 원형의
❶ ❷ ❸

0829
flat
평평한, 편평한
❶ ❷ ❸

0830
straight
곧은, 똑바른
❶ ❷ ❸

보기

flat	heart	shape	oval	straight
circle	arrow	round	triangle	rectangle

A 들려주는 영어 단어를 보기 에서 찾아 쓰고, 그 아래 빈칸에 해당하는 사진의 번호를 쓰세요.

1

2

3

4

B 들려주는 영어 단어를 보기 에서 찾아 쓰고, 괄호 안에서 알맞은 뜻을 고르세요.

1

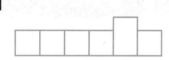

(동그라미 / 편평한)

2

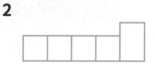

(정사각형 / 원형의)

3

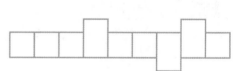

(삼각형 / 직사각형)

4

(편평한 / 하트)

5

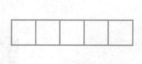

(모양 / 화살표)

6

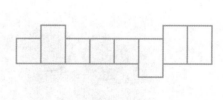

(삼각형 / 곧은)

C 다음 사진을 보고, 빈칸에 우리말 뜻을 쓰고 영어 단어를 완성하세요.

1  → [   ] → a ▢ r o ▢

2 → [곧은, 똑바른] → s t r ▢ i ▢ ▢ t

3 → [평평한, 편평한] → f ▢ ▢ t

4 → [동그라미, 원] → c ▢ r ▢ l ▢

5 → [   ] → ▢ e ▢ t ▢ n g l ▢

D 다음 우리말을 표현한 영어 문장의 빈칸을 완성하세요.

1 수박은 둥급니다.   → Watermelons are _____n d .

2 하트 모양을 하나 그리세요.   → Draw a h_____t .

3 그 의자는 둥근 모양입니다.   → The chair is round in s h_____ .

4 벽에 타원형 거울이 하나 있습니다.   → There is an o_____ mirror on the wall.

5 종이를 삼각형으로 접으세요.   → Fold the paper into a _____n g l e .

E 다음을 듣고 빈칸을 채워 문장을 완성한 후, 큰 소리로 따라하세요.

1 The [_____] of the signs tell us something.

표지판들의 모양들은 우리에게 무언가를 말해줍니다.

2 If the [_____] of the sign is a [_____], it tells us "Be careful."

만약 표지판의 모양이 삼각형이라면, 그것은 우리에게 '조심하시오.'를 말합니다.

3 If the [_____] of the sign is a [_____], it gives an order like "Do not drive too fast!"

만약 표지판의 모양이 동그랗다면, 그것은 '너무 빨리 운전하지 마시오.'와 같이 명령합니다.

4 If the [_____] of the sign is a [_____], it tells us "I have information about the street or the road."

만약 표지판의 모양이 직사각형이라면, 그것은 우리에게 '나는 길이나 도로에 대한 정보를 가지고 있어요.'를 말합니다.

5 If you see an [_____] on this sign, it tells you where to go.

만약 여러분이 이 표지판에서 화살표를 본다면, 그것은 여러분에게 어디로 가야 할지를 말해줍니다.

📖 **Expressions**
- **something** : 무엇인가
- **sign** : 표지판
- **if** : 만약 ~라면
- **order** : 명령 (give an order : 명령하다)
- **information** : 정보
- **where to go** : 어디로 가야할지

F 다음 글을 읽고, 물음에 답하세요. 2번은 글에 쓰인 표현을 사용해 답하세요.

Shapes of Signs

We can see many signs every day.

You know what? The shapes of the signs tell us something!

If the shape of the sign is a triangle,

it tells us "Be careful."

If the shape of the sign is a circle,

it gives an order like "Do not drive too fast!"

If the shape of the sign is a rectangle,

it tells us "I have information about the street or the road."

If you see an arrow on this sign, it tells you where to go.

1. 윗글의 내용에 따라 각 그림의 내용에 알맞은 표지판의 '모양'을 아래 빈칸에 써넣으세요.

2. What do the round-shaped signs tell us?

→ They _____ .

정답 및 해석 >> p61

Quick Check

● Day 23에서 학습한 단어들을 듣고 쓴 후, 그 단어의 우리말 뜻을 쓰세요.

1 _____ ➡ _____

2 _____ ➡ _____

3 _____ ➡ _____

4 _____ ➡ _____

5 _____ ➡ _____

6 _____ ➡ _____

7 _____ ➡ _____

8 _____ ➡ _____

9 _____ ➡ _____

10 _____ ➡ _____

✎ 틀린 단어 써보기

_____
_____
_____

학습한 날 : _____ / _____

Step 1 듣고 따라하기

다음은 Day 24에서 공부할 10개의 단어입니다. 모든 단어는 세 번씩 읽어줍니다.
단어 아래 표기된 ①, ②, ③에 ✓ 표시하며 큰 소리로 따라하세요.

0831

see

(눈을 떠서) 보다,
보이다, 이해하다

✓① ② ③

0832

look

(한 방향으로 집중하여)
보다, 보이다

① ② ③

0833

watch

(움직이는 것을 집중하여
일정 기간) 보다

① ② ③

0834

hear

듣다, 들리다

① ② ③

0835

listen

(귀 기울여) 듣다

① ② ③

0836

sound

소리; ~처럼 들리다

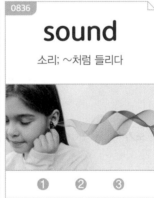

① ② ③

0837

smell

냄새; 냄새가 나다

① ② ③

0838

touch

만지다; 촉각

① ② ③

0839

feel

느껴지다, (특정한 기분이) 들다

① ② ③

0840

soft

부드러운, 푹신한

① ② ③

| hear | soft | see | smell | watch |
| listen | look | feel | touch | sound |

A 들려주는 영어 단어를 [보기]에서 찾아 쓰고, 그 아래 빈칸에 해당하는 사진의 번호를 쓰세요.

1

2

3

4

B 들려주는 영어 단어를 [보기]에서 찾아 쓰고, 괄호 안에서 알맞은 뜻을 고르세요.

1

(느끼다 / 보다)

2

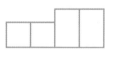

(부드러운 / 만지다)

3

(~처럼 들리다 / 보다)

4

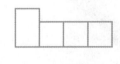

(냄새가 나다 / 듣다)

5

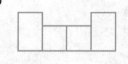

(보이다 / 느끼다)

6

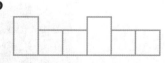

(보다 / 듣다)

C 다음 사진을 보고, 빈칸에 우리말 뜻을 쓰고 영어 단어를 완성하세요.

1 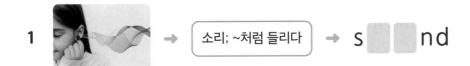 → [소리; ~처럼 들리다] → s ☐ ☐ nd

2 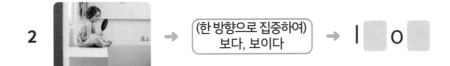 → [(한 방향으로 집중하여) 보다, 보이다] → l ☐ o ☐

3 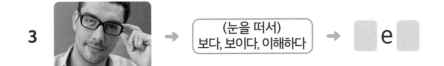 → [(눈을 떠서) 보다, 보이다, 이해하다] → ☐ e ☐

4  → [ ] → h ☐ ☐ r

5  → [ ] → ☐ o ☐ ☐

D 다음 우리말을 표현한 영어 문장의 빈칸을 완성하세요.

1 그 냄새는 나를 기분좋게 만듭니다. → The s_____l makes me happy.

2 시끄러운 음악을 듣지 마세요. → Do not l_____en to loud music.

3 우리는 텔레비전을 보지 않습니다. → We do not _____ch television.

4 아이들은 여기서 돌고래를 만질 수 있습니다. → Kids can t_____h dolphins here.

5 나는 오늘 기분이 좋습니다. → I _____l good today.

E 다음을 듣고 빈칸을 채워 문장을 완성한 후, 큰 소리로 따라하세요.

1 I ☐ my grandma make a cake for me.

나는 할머니가 나를 위한 케이크를 만드는 것을 지켜봅니다.

2 The apples ☐ delicious and ☐ good.

그 사과들은 맛있어 보이고 좋은 냄새가 납니다.

3 I can ☐ a lot of presents for me.

나는 나를 위한 많은 선물들을 볼 수 있습니다.

4 It ☐ great.

그것은 훌륭하게 들립니다.

5 I ☐ so happy today.

나는 오늘 매우 행복하게 느낍니다.

📝 **Expressions**

- delicious : 맛있는
- a lot of : 많은
- present : 선물

F 다음 글을 읽고, 물음에 답하세요. 2번은 글에 쓰인 표현을 사용해 답하세요.

My Birthday

Today is my birthday.

I watch my grandma make a cake for me.

She puts a lot of strawberries on the cake.

It looks delicious and smells good.

Now, all my family get together.

I can see a lot of presents for me.

They sing "Happy Birthday" for me.

It sounds great.

I feel so happy today.

I say thank you to my family.

1. 다음을 읽고, 윗글의 내용과 일치하면 T를, 일치하지 않으면 F를 쓰세요.

a. My birthday cake has a lot of strawberries on it.	
b. I do not get many presents from my family.	
c. My family sing a birthday song for me.	

2. What do I watch?

➡ I watch my grandma _____.

정답 및 해석 >> p62

Quick Check

● Day 24에서 학습한 단어들을 듣고 쓴 후, 그 단어의 우리말 뜻을 쓰세요.

1   →

2   →

3   →

4   →

5   →

6   →

7   →

8   →

9   →

10   →

✎ 틀린 단어 써보기

Senses (2) 감각 (2)

학습한 날 : _____ / _____

Step 1 듣고 따라하기

다음은 Day 25에서 공부할 10개의 단어입니다. 모든 단어는 세 번씩 읽어줍니다.
단어 아래 표기된 ❶, ❷, ❸에 ✔ 표시하며 큰 소리로 따라하세요.

0841	0842	0843
solid	**smooth**	**rough**
단단한	매끄러운	거친
	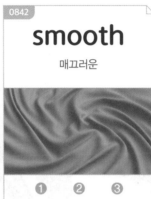	
✔❶ ❷ ❸	❶ ❷ ❸	❶ ❷ ❸

0844	0845	0846	0847
sticky	**tight**	**loose**	**sharp**
끈적거리는	(옷이) 딱 붙는, 갑갑한	느슨한, 헐거운	날카로운

❶ ❷ ❸	❶ ❷ ❸	❶ ❷ ❸	❶ ❷ ❸

0848	0849	0850
weak	**comfortable**	**wet**
(소리 · 빛 등이) 약한	(신체적으로) 편안한	젖은

❶ ❷ ❸	❶ ❷ ❸	❶ ❷ ❸

보기

wet	solid	sharp	rough	smooth
weak	tight	loose	sticky	comfortable

A 들려주는 영어 단어를 보기에서 찾아 쓰고, 그 아래 빈칸에 해당하는 사진의 번호를 쓰세요.

1

2

3

4

B 들려주는 영어 단어를 보기에서 찾아 쓰고, 괄호 안에서 알맞은 뜻을 고르세요.

1

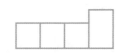

(젖은 / 약한)

2

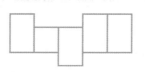

(딱 붙는 / 편안한)

3

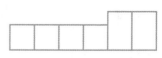

(날카로운 / 매끄러운)

4

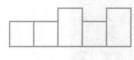

(편안한 / 단단한)

5

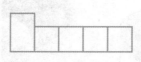

(갑갑한 / 느슨한)

6

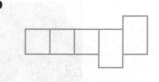

(거친 / 날카로운)

C 다음 사진을 보고, 빈칸에 우리말 뜻을 쓰고 영어 단어를 완성하세요.

1 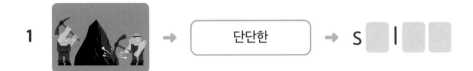 → 단단한 → s ☐ l ☐ ☐

2 → ☐ → r ☐ ☐ g ☐

3  → (소리·빛 등이) 약한 → ☐ e ☐ k

4 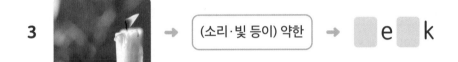 → (옷이) 딱 붙는, 갑갑한 → t ☐ ☐ ☐ t

5  → ☐ → s ☐ ☐ o ☐ ☐

D 다음 우리말을 표현한 영어 문장의 빈칸을 완성하세요.

1 그 칼은 날카롭습니다. → The knife is s___ a_____ .

2 그의 옷은 젖어 있습니다. → His clothes are ___ e___ .

3 나는 집에서 편안함을 느낍니다. → I feel ___ ___ m __ o r __ a __ l __ at home.

4 그 셔츠는 나에게 헐겁습니다. → The shirt is ___ o _____ e on me.

5 대부분의 사탕은 끈적거립니다. → Most candies are s ___ ___ c _____ .

E 다음을 듣고 빈칸을 채워 문장을 완성한 후, 큰 소리로 따라하세요.

1 They feel [   ].

그것들은 끈적끈적하게 느껴집니다.

2 It feels [   ], [   ], and [   ].

그것은 단단하고, 거칠고, 날카롭게 느껴집니다.

3 If you sit on a soft and [   ] sofa, how does it feel?

당신이 푹신하고 매끄러운 소파에 앉는다면, 그것이 어떻게 느껴지나요?

4 It feels [   ].

그것은 편하게 느껴집니다.

5 They feel [   ].

그것들은 딱 붙게 느껴집니다.

6 They feel [   ].

그것들은 헐렁하게 느껴집니다.

📝 **Expressions**
- if : 만약 ~라면
- soft : 부드러운

F 다음 글을 읽고, 물음에 답하세요. 2번은 글에 쓰인 표현을 사용해 답하세요.

How Does It Feel?

If you touch candies or honey, how do they feel?

They feel sticky.

If you touch a rock on the mountain, how does it feel?

It feels solid, rough, and sharp.

If you sit on a soft and smooth sofa, how does it feel?

It feels comfortable.

If you wear small clothes, how do the clothes feel on you?

They feel tight.

If you wear big clothes, how do the clothes feel on you?

They feel loose.

1. 다음 그림의 내용에 맞는 '감각'을 윗글에서 찾아 빈칸에 쓰세요.

2. What feels tight and what feels loose on you?

→ _____ feel tight and _____ feel loose on me.

A 다음 사진에 해당하는 영어 단어를 고르세요.

1

[curly / bald]

2

[splendid / colorful]

3

[circle / stout]

4

[straight / triangle]

5

[rectangle / round]

6

[oval / arrow]

B 다음 영어 단어와 우리말 뜻을 선으로 연결하세요.

1 cute •

2 slim •

3 feel •

4 hear •

5 listen •

6 sound •

7 brilliant •

• 느껴지다, (특정한 기분이) 들다

• 소리; ~처럼 들리다

• (귀 기울여) 듣다

• 날씬한

• 아주 선명한, 뛰어난

• 귀여운

• 듣다, 들리다

C 다음 사진에 해당하는 영어 단어를 보기 에서 골라 쓰세요.

보기

fat	heart	pretty	touch
wet	sharp	watch	handsome

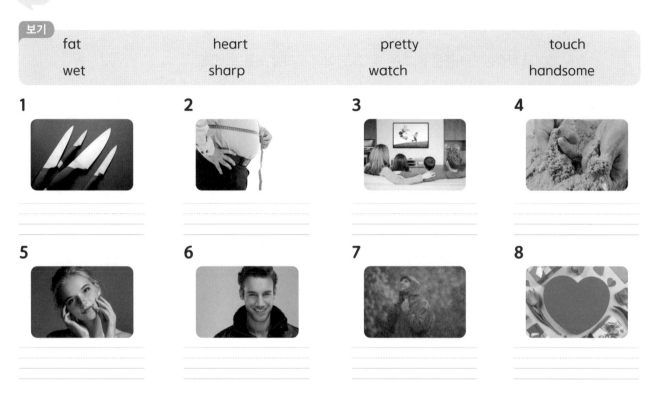

1

_____
_____

2

_____
_____

3

_____
_____

4

_____
_____

5

_____
_____

6

_____
_____

7

_____
_____

8

_____
_____

D 다음 우리말을 영어로 옮길 때, 빈칸에 알맞은 말을 보기 에서 골라 쓰세요.

보기

see	ugly	smell	shape	comfortable

1 나는 꽃 냄새를 좋아합니다. ➡ I like the _____ of flowers.

2 사과는 둥근 모양입니다. ➡ An apple has a round _____.

3 당신은 못생기지 않았습니다. ➡ You are not _____.

4 동물원에서 곰을 볼 수 있습니다. ➡ You can _____ bears at the zoo.

5 헐렁하고 편한 옷을 입으세요. ➡ Wear loose and _____ clothes.

Quick Check

정답 및 해석 >> p64

● Day 25에서 학습한 단어들을 듣고 쓴 후, 그 단어의 우리말 뜻을 쓰세요.

1   ➡

2   ➡

3   ➡

4   ➡

5   ➡

6   ➡

7   ➡

8   ➡

9   ➡

10   ➡

✎ 틀린 단어 써보기

DAY 26 Order (1) 순서 (1)

학습한 날 : _____ / _____

Step 1 듣고 따라하기

다음은 Day 26에서 공부할 10개의 단어입니다. 모든 단어는 세 번씩 읽어줍니다.
단어 아래 표기된 ❶, ❷, ❸에 ✓ 표시하며 큰 소리로 따라하세요.

0851
first
첫 번째의

✓ ❷ ❸

0852
second
두 번째의

❶ ❷ ❸

0853
third
세 번째의

❶ ❷ ❸

0854
fourth
네 번째의

❶ ❷ ❸

0855
fifth
다섯 번째의

❶ ❷ ❸

0856
sixth
여섯 번째의

❶ ❷ ❸

0857
seventh
일곱 번째의

❶ ❷ ❸

0858
eighth
여덟 번째의

❶ ❷ ❸

0859
ninth
아홉 번째의

❶ ❷ ❸

0860
tenth
열 번째의

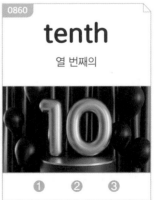

❶ ❷ ❸

| first | sixth | ninth | eighth | second |
| fifth | third | tenth | fourth | seventh |

A 들려주는 영어 단어를 (보기)에서 찾아 쓰고, 그 아래 빈칸에 해당하는 사진의 번호를 쓰세요.

1

2

3

4

B 들려주는 영어 단어를 (보기)에서 찾아 쓰고, 괄호 안에서 알맞은 뜻을 고르세요.

1

(세 번째의 / 다섯 번째의)

2

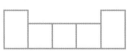

(다섯 번째의 / 첫 번째의)

3

(여섯 번째의 / 일곱 번째의)

4

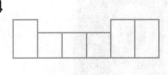

(네 번째의 / 다섯 번째의)

5

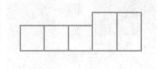

(아홉 번째의 / 열 번째의)

6

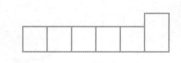

(일곱 번째의 / 두 번째의)

C 다음 사진을 보고, 빈칸에 우리말 뜻을 쓰고 영어 단어를 완성하세요.

1 **7** → [　　　　] → s ☐ ve ☐☐ h

2 **9** → 아홉 번째의 → ni ☐☐☐

3 **1 2 3 4 5** → 두 번째의 → ☐ e ☐☐ n ☐

4 **5** → [　　　　] → fi ☐☐ h

5 **1 2 3** → 첫 번째의 → f ☐☐☐ t

D 다음 우리말을 표현한 영어 문장의 빈칸을 완성하세요.

1 3월은 일 년 중 세 번째 달입니다.
→ March is the t_____d month of the year.

2 오늘은 그의 열 번째 생일입니다.
→ Today is his te_____ birthday.

3 우리 방은 4층에 있습니다.
→ Our room is on the ___o u_____ floor.

4 금요일은 일주일의 여섯 번째 날입니다.
→ Friday is the _____th day of the week.

5 7월 8일입니다.
→ It is the e i_____ day of July.

E 다음을 듣고 빈칸을 채워 문장을 완성한 후, 큰 소리로 따라하세요.

1 I am in the [   ] grade.

나는 1학년입니다.

2 My classroom is on the [   ] floor.

나의 교실은 2층에 있습니다.

3 I came in [   ].

나는 세 번째로 들어왔습니다.

4 I live on the [   ] floor of my apartment.

나는 나의 아파트의 4층에 삽니다.

5 I am the [   ] child in my family.

나는 가족 중 다섯 번째 자녀입니다.

6 My cousin is in the [   ] grade.

나의 사촌은 8학년입니다.

7 He teaches [   ] grade science.

그는 9학년 과학을 가르칩니다.

📝 **Expressions**

· grade : 학년
· came : come(오다)의 과거형
· live : 살다
· apartment : 아파트

F   다음 글을 읽고, 물음에 답하세요. 2번은 글에 쓰인 표현을 사용해 답하세요.

About Me

I am in the first grade.

My classroom is on the second floor.

We had a race at school yesterday. I came in third.

I live on the fourth floor of my apartment.

I am the fifth child in my family.

My birthday is May sixth. Today is my seventh birthday.

We have a party today.

My cousin and my uncle are at the party.

My cousin is in the eighth grade.

My uncle is a teacher. He teaches ninth grade science.

Now, I am opening the tenth birthday present!

---

1.   다음을 읽고, 윗글의 내용과 일치하면 T를, 일치하지 않으면 F를 쓰세요.

a. I finished third in the school race.	
b. It was May fifth yesterday.	
c. My cousin is in the ninth grade.	

2.   What subject does my uncle teach?

➡ He _____.

정답 및 해석 >> p65

Quick Check

● Day 26에서 학습한 단어들을 듣고 쓴 후, 그 단어의 우리말 뜻을 쓰세요.

1   ➡

2   ➡

3   ➡

4   ➡

5   ➡

6   ➡

7   ➡

8   ➡

9   ➡

10   ➡

✍ 틀린 단어 써보기

Order (2) 순서 (2)

학습한 날 : _____ / _____

다음은 Day 27에서 공부할 10개의 단어입니다. 모든 단어는 세 번씩 읽어줍니다.
단어 아래 표기된 ❶, ❷, ❸에 ✓ 표시하며 큰 소리로 따라하세요.

0861
eleventh
열한 번째의

✓ ❷ ❸

0862
twelfth
열두 번째의

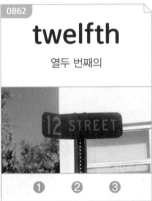

❶ ❷ ❸

0863
thirteenth
열세 번째의

❶ ❷ ❸

0864
fourteenth
열네 번째의

❶ ❷ ❸

0865
fifteenth
열다섯 번째의

❶ ❷ ❸

0866
sixteenth
열여섯 번째의

❶ ❷ ❸

0867
seventeenth
열일곱 번째의

❶ ❷ ❸

0868
eighteenth
열여덟 번째의

❶ ❷ ❸

0869
nineteenth
열아홉 번째의

❶ ❷ ❸

0870
twentieth
스무 번째의

❶ ❷ ❸

twelfth   fifteenth   twentieth   fourteenth   nineteenth
eleventh   sixteenth   thirteenth   eighteenth   seventeenth

A 들려주는 영어 단어를 (보기)에서 찾아 쓰고, 그 아래 빈칸에 해당하는 사진의 번호를 쓰세요.

1

2

3

4

B 들려주는 영어 단어를 (보기)에서 찾아 쓰고, 괄호 안에서 알맞은 뜻을 고르세요.

1
(열세 번째의 / 열다섯 번째의)

2
(열입곱 번째의 / 열한 번째의)

3
(열여덟 번째의 / 스무 번째의)

4
(열두 번째의 / 열여섯 번째의)

5
(열아홉 번째의 / 열네 번째의)

6
(열한 번째의 / 열일곱 번째의)

C 다음 사진을 보고, 빈칸에 우리말 뜻을 쓰고 영어 단어를 완성하세요.

1  → [ ] → ni ☐☐☐ e ☐ nth

2 열여덟 번째의 → e ☐☐ h ☐☐ en ☐☐

3 열여섯 번째의 → ☐ i ☐ teen ☐☐

4 열일곱 번째의 → s ☐ v ☐ nt ☐☐ nth

5 [ ] → fi ☐☐ ee ☐☐ h

D 다음 우리말을 표현한 영어 문장의 빈칸을 완성하세요.

1 민의 스무 번째의 생일입니다. → It is Min's twen_____th birthday.

2 오늘은 5월 11일입니다. → Today is the elev_____ of May.

3 이번 달 14일에 만납시다. → Let's meet on the f_____rteen_____ of this month.

4 그녀는 12학년입니다. → She is in the tw_____th grade.

5 M은 열세 번째 글자입니다. → M is the th_____teen_____ letter.

정답 및 해석 >> p65

E 다음을 듣고 빈칸을 채워 문장을 완성한 후, 큰 소리로 따라하세요.

1 This is my ☐ trip to Thailand.

이것은 나의 11번째 태국 여행입니다.

2 My seat is in the ☐ row.

나의 좌석은 12번째 줄입니다.

3 The festival is April ☐, ☐, and ☐.

그 축제는 4월 13일, 14일, 15일입니다.

4 My birthday is April ☐. I can have four special days.

나의 생일은 4월 16일입니다. 나는 특별한 4일을 보낼 수 있습니다.

5 My mother and I stay on the ☐ floor.

나의 어머니와 나는 17층에 머무릅니다.

6 My grandparents stay on the ☐ floor.

나의 할아버지 할머니는 19층에 머무릅니다.

7 There is a restaurant on the ☐ floor.

20층에 식당이 있습니다.

📖 **Expressions**

• Thailand : 태국
• seat : 좌석, 자리
• row : (줄) 열
• special : 특별한

F 다음 글을 읽고, 물음에 답하세요. 2번은 글에 쓰인 표현을 사용해 답하세요.

My Trip to Thailand

This is my eleventh trip to Thailand.

I get on an airplane. My seat is in the twelfth row.

We can enjoy the Songkran Festival in Thailand.

The festival is April thirteenth, fourteenth, and fifteenth.

My birthday is April sixteenth.

I can have four special days.

We stay at a hotel.

My mother and I stay on the seventeenth floor.

My father and my brother stay on the eighteenth floor.

My grandparents stay on the nineteenth floor.

There is a restaurant on the twentieth floor.

We have a great dinner there.

1. 다음을 읽고, 윗글의 내용과 일치하면 T를, 일치하지 않으면 F를 쓰세요.

a. I am on my 11th trip to Thailand.	
b. My birthday is April 16th.	
c. A restaurant is on the 12th floor.	

2. What floor do my grandparents stay on?

➡ They _____.

정답 및 해석 >> p66

Quick Check

● Day 27에서 학습한 단어들을 듣고 쓴 후, 그 단어의 우리말 뜻을 쓰세요.

1   ➡

2   ➡

3   ➡

4   ➡

5   ➡

6   ➡

7   ➡

8   ➡

9   ➡

10   ➡

✎ 틀린 단어 써보기

학습한 날 : _____ / _____

Step > 1 **듣고 따라하기**

다음은 Day 28에서 공부할 10개의 단어입니다. 모든 단어는 세 번씩 읽어줍니다.
단어 아래 표기된 ❶, ❷, ❸에 ✓ 표시하며 큰 소리로 따라하세요.

0871

poor
가난한, 불쌍한

✓   ❷   ❸

0872

rich
돈 많은, 부자인

❶   ❷   ❸

0873

cheap
값싼

❶   ❷   ❸

0874

expensive
값비싼

❶   ❷   ❸

0875

difficult
어려운

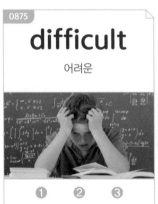

❶   ❷   ❸

0876

easy
쉬운

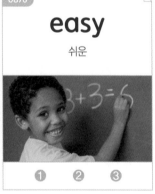

❶   ❷   ❸

0877

with
~와 함께, ~을 가진

❶   ❷   ❸

0878

without
~없이

❶   ❷   ❸

0879

ready
준비가 된

❶   ❷   ❸

0880

free
자유로운, 한가한, 무료의

❶   ❷   ❸

Step > 2 듣기 문제로 단어 익히기

보기

rich	easy	ready	difficult	expensive
free	with	cheap	without	poor

A 들려주는 영어 단어를 보기에서 찾아 쓰고, 그 아래 빈칸에 해당하는 사진의 번호를 쓰세요.

1 _____

2 _____

3 _____

4 _____

B 들려주는 영어 단어를 보기에서 찾아 쓰고, 괄호 안에서 알맞은 뜻을 고르세요.

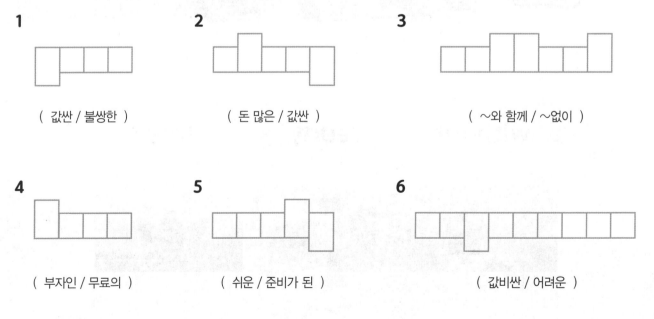

1 (값싼 / 불쌍한)

2 (돈 많은 / 값싼)

3 (~와 함께 / ~없이)

4 (부자인 / 무료의)

5 (쉬운 / 준비가 된)

6 (값비싼 / 어려운)

C 다음 사진을 보고, 빈칸에 우리말 뜻을 쓰고 영어 단어를 완성하세요.

1  → 자유로운, 한가한 → f ☐ ☐ e

2 → ☐ o ☐ ☐

3  → 준비가 된 → ☐ e ☐ d ☐

4  → ch ☐ ☐ ☐

5  → ~없이 → w ☐ t ☐ o ☐ ☐

D 다음 우리말을 표현한 영어 문장의 빈칸을 완성하세요.

1 그 차는 비쌉니다. → The car is ___xp___n si_____.

2 이 퀴즈는 처음에는 쉽습니다. → This quiz is _____y at first.

3 그녀는 부유한 여성입니다. → She is a ___i_____ woman.

4 이 퀴즈는 어려울 것입니다. → This quiz will be d_____fi_____l__.

5 나는 내 친구와 함께 있습니다. → I am w_____ my friend.

E 다음을 듣고 빈칸을 채워 문장을 완성한 후, 큰 소리로 따라하세요.

1 He is from a [   ] family.

그는 부유한 가정 출신입니다.

2 He has many [   ] toys. He plays [   ] them.

그는 많은 값비싼 장난감들을 가지고 있습니다. 그는 그것들을 가지고 놉니다.

3 She is from a [   ] family.

그녀는 가난한 가정 출신입니다.

4 She has many brothers and sisters. She plays [   ] them.

그녀는 형제자매들이 많습니다. 그녀는 그들과 놉니다.

5 It is not [   ]. It is [   ].

그것은 어렵지 않습니다. 그것은 쉽습니다.

F   다음 글을 읽고, 물음에 답하세요. 2번은 글에 쓰인 표현을 사용해 답하세요.

Two Boys

Edward and Jack look the same, but they are not brothers.

Edward is from a rich family.

He does not have any brothers and sisters.

But he has many expensive toys. He plays with them.

Jack is from a poor family.

He does not have any toys.

But he has many brothers and sisters. He plays with them.

One day, Edward and Jack change their clothes.

Edward goes to Jack's house and Jack goes to Edward's house.

Jack plays with Edward's expensive toys. It is not difficult.

Edward plays with Jack's brothers and sisters. It is easy.

1. 다음을 읽고, 윗글의 내용과 일치하면 T를, 일치하지 않으면 F를 쓰세요.

a. Edward and Jack are from the same family.	
b. Edward is the only child.	
c. Jack plays with his brothers and sisters.	

2. What do Edward and Jack do before going to each other's house?

→ They _____.

정답 및 해석 >> p67

Quick Check

● Day 28에서 학습한 단어들을 듣고 쓴 후, 그 단어의 우리말 뜻을 쓰세요.

1   ➡

2   ➡

3   ➡

4   ➡

5   ➡

6   ➡

7   ➡

8   ➡

9   ➡

10   ➡

✍ 틀린 단어 써보기

Conditions (2) 상태 (2)

Step > 1 듣고 따라하기

다음은 Day 29에서 공부할 10개의 단어입니다. 모든 단어는 세 번씩 읽어줍니다.
단어 아래 표기된 ❶, ❷, ❸에 ✓ 표시하며 큰 소리로 따라하세요.

0881
sleepy
졸린

✓❶ ❷ ❸

0882
tired
피곤한, 지친

❶ ❷ ❸

0883
alone
혼자

❶ ❷ ❸

0884
strong
튼튼한, 강한

❶ ❷ ❸

0885
young
어린, 젊은

❶ ❷ ❸

0886
deep
깊은

❶ ❷ ❸

0887
dirty
더러운, 지저분한

❶ ❷ ❸

0888
hungry
배고픈

❶ ❷ ❸

0889
thirsty
목마른

❶ ❷ ❸

0890
last
마지막의, 지난

❶ ❷ ❸

보기

| last | dirty | alone | sleepy | thirsty |
| deep | tired | young | strong | hungry |

A 들려주는 영어 단어를 (보기)에서 찾아 쓰고, 그 아래 빈칸에 해당하는 사진의 번호를 쓰세요.

1 _____

2 _____

3 _____

4 _____

B 들려주는 영어 단어를 (보기)에서 찾아 쓰고, 괄호 안에서 알맞은 뜻을 고르세요.

1

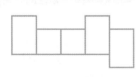

(깊은 / 더러운)

2

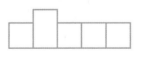

(혼자 / 피곤한)

3

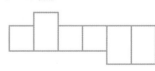

(졸린 / 목마른)

4

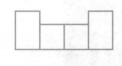

(지난 / 깊은)

5

(튼튼한, 강한 / 어린, 젊은)

6

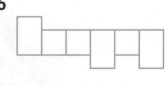

(목마른 / 배고픈)

C 다음 사진을 보고, 빈칸에 우리말 뜻을 쓰고 영어 단어를 완성하세요.

1  → | 마지막의, 지난 | → l ☐ ☐ t

2  → | | → ☐ lo ☐ ☐

3 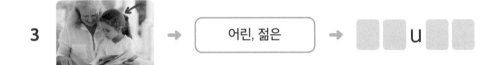 → | 어린, 젊은 | → ☐ ☐ u ☐ ☐

4  → | | → d ☐ ☐ ☐ y

5 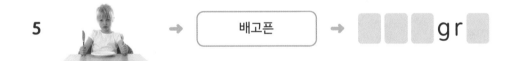 → | 배고픈 | → ☐ ☐ ☐ g r ☐

D 다음 우리말을 표현한 영어 문장의 빈칸을 완성하세요.

1 그 소년은 튼튼합니다. → The boy is s _ _ _ _ _ _ n g .

2 나는 더운 날씨에 목이 마릅니다. → I am _ _ _ _ _ _ _ s t y in hot weather.

3 우리는 오늘 피곤합니다. → We are t _ _ _ _ e _ _ today.

4 그 물은 깊어 보입니다. → The water looks _ _ _ _ e _ _ .

5 나의 개는 졸려 보입니다. → My dog looks s _ _ _ e _ _ _ _ .

E 다음을 듣고 빈칸을 채워 문장을 완성한 후, 큰 소리로 따라하세요.

1 I am [ ] and [ ].

나는 졸리고 피곤합니다.

2 I am [ ] and I have a big breakfast.

나는 배가 고파서 아침을 많이 먹습니다.

3 I look around the classroom and I am not [ ].

나는 교실을 둘러보는데, 나는 혼자가 아닙니다.

4 Many classmates look [ ].

많은 나의 반 친구들이 졸려 보입니다.

5 The playground is wet so we get [ ].

운동장이 젖어 있어서 우리는 지저분해집니다.

📝 Expressions
- **look around** : 둘러보다
- **playground** : 운동장
- **so** : 그래서
- **get dirty** : 지저분해지다

F   다음 글을 읽고, 물음에 답하세요. 2번은 글에 쓰인 표현을 사용해 답하세요.

Sleepy Monday

It is Monday morning. It is rainy and cloudy.

I am sleepy and tired.

I am hungry and I have a big breakfast.

At school, I feel sleepy.

I look around the classroom and I am not alone.

Many classmates look sleepy.

It clears up in the afternoon. I feel better.

My friends and I play soccer on the playground.

The playground is wet so we get dirty.

But we enjoy playing the game.

1. 다음을 읽고, 윗글의 내용과 일치하면 T를, 일치하지 않으면 F를 쓰세요.

a. I feel hungry and I eat much in the morning.	
b. I am sleepy and my friends are also sleepy at school.	
c. The weather is not clear in the afternoon.	

2. What do my friends and I do in the afternoon?

➡ We _____.

정답 및 해석 >> p68

Quick Check

● Day 29에서 학습한 단어들을 듣고 쓴 후, 그 단어의 우리말 뜻을 쓰세요.

1 _____ → _____

2 _____ → _____

3 _____ → _____

4 _____ → _____

5 _____ → _____

6 _____ → _____

7 _____ → _____

8 _____ → _____

9 _____ → _____

10 _____ → _____

✎ 틀린 단어 써보기

_____
....
_____

Conditions (3) 상태 (3)

학습한 날 : _____ / _____

다음은 Day 30에서 공부할 10개의 단어입니다. 모든 단어는 세 번씩 읽어줍니다.
단어 아래 표기된 ❶, ❷, ❸에 ∨ 표시하며 큰 소리로 따라하세요.

0891	0892	0893
become	**fast**	**quick**
~이 되다	(움직임이) 빠른; 빨리	(재)빠른

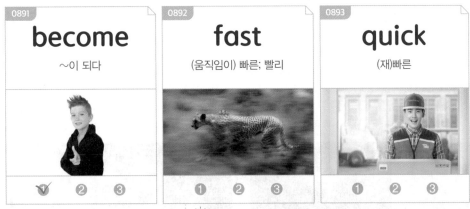

❶ ❷ ❸

💡 TIPS fast는 속도에 초점을 둔 표현이라면, quick은 걸리는 시간에 초점을 둔 표현입니다.

0894	0895	0896	0897
blind	**deaf**	**dumb**	**true**
눈이 먼	귀가 먼	말을 못하는	사실인, 진실인

❶ ❷ ❸   ❶ ❷ ❸   ❶ ❷ ❸   ❶ ❷ ❸

0898	0899	0900
real	**famous**	**popular**
진짜의, 실제의	유명한	인기 있는

 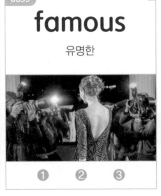 

❶ ❷ ❸   ❶ ❷ ❸   ❶ ❷ ❸

보기

| real | true | blind | quick | popular |
| fast | deaf | dumb | famous | become |

A 들려주는 영어 단어를 보기에서 찾아 쓰고, 그 아래 빈칸에 해당하는 사진의 번호를 쓰세요.

1

2

3

4

B 들려주는 영어 단어를 보기에서 찾아 쓰고, 괄호 안에서 알맞은 뜻을 고르세요.

1

(빠른 / 진실인)

2

(귀가 먼 / 재빠른)

3

(인기 있는 / 실제의)

4

(눈이 먼 / 진짜의)

5

(말을 못하는 / 유명한)

6

(~이 되다 / 빠른)

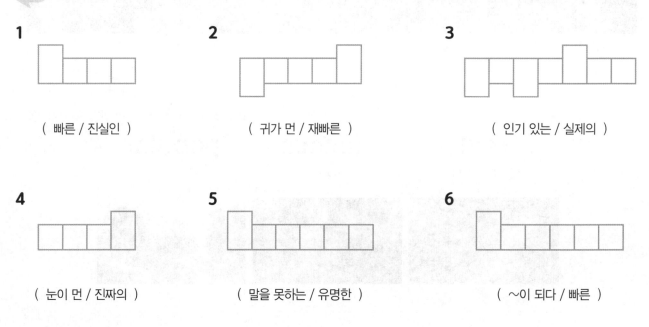

C 다음 사진을 보고, 빈칸에 우리말 뜻을 쓰고 영어 단어를 완성하세요.

1 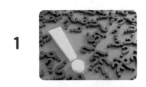 → 진짜의, 실제의 → ☐ e ☐ ☐

2  → ☐ → f ☐ m ☐ u ☐

3  → ☐ → ☐ ☐ i c k

4 → 사실인, 진실인 → t ☐ u ☐

5  → 인기 있는 → p ☐ ☐ u l ☐ ☐

D 다음 우리말을 표현한 영어 문장의 빈칸을 완성하세요.

1 그 학생은 귀가 들리지 않습니다. → The student is ___ e _____ .

2 호랑이는 빠른 동물입니다. → Tigers are _____ s ___ animals.

3 그들은 가까운 친구가 됩니다. → They _____ m e close friends.

4 그는 말을 못하는 남자입니다. → He is a ___ u _____ man.

5 그 남자는 거의 눈이 멀었습니다. → The man is almost b l _____ .

E 다음을 듣고 빈칸을 채워 문장을 완성한 후, 큰 소리로 따라하세요.

1 She can ⬚ ⬚ after she gets sick.

그녀는 병에 걸린 후에 귀가 들리지 않게 될 수 있습니다.

2 She wants to have a ⬚ friend.

그녀는 진정한 친구를 갖기를 원합니다.

3 *El Deafo* is a ⬚ and ⬚ children's book.

〈El Deafo〉는 인기 있고 유명한 아동용 도서입니다.

4 It is also a ⬚ story of the writer, Cece Bell.

그것은 또한 작가인 Cece Bell(쎄쎄 벨)의 실제 이야기입니다.

5 She wants ⬚, deaf, or ⬚ children to be happy.

그녀는 눈이 보이지 않거나, 귀가 들리지 않거나, 말을 할 수 없는 아이들이 행복하기를 원합니다.

📝 **Expressions**

- **get sick** : 병에 걸리다
- **children's book** : 아동용 도서

F 다음 글을 읽고, 물음에 답하세요. 2번은 글에 쓰인 표현을 사용해 답하세요.

El Deafo

A girl becomes deaf after she gets sick.

Her name is Cece.

She can only hear with a *hearing-aid.

*hearing-aid
: 보청기

She wants to have a true friend but it is not easy.

So she uses the power of her hearing-aid.

She thinks she can hear everything.

She becomes active and she finds a good friend.

El Deafo is a popular and famous children's book.

It is also a true story of the writer, Cece Bell.

Cece wants blind, deaf, or dumb children to be happy.

\<El Deafo\>

1. 이야기의 순서대로 그림 아래에 1 ~ 3의 숫자를 써넣으세요.

2. What happens after the girl gets sick?

➡ She _____ .

A 다음 사진에 해당하는 영어 단어를 고르세요.

1

[deep / quick]

2

[real / dirty]

3

[young / popular]

4

[ready / real]

5

[famous / blind]

6

[dumb / alone]

B 다음 영어 단어와 우리말 뜻을 선으로 연결하세요.

1   expensive   •

2   cheap   •

3   fifth   •

4   second   •

5   difficult   •

6   free   •

7   first   •

•   두 번째의

•   자유로운, 한가한, 무료의

•   어려운

•   다섯 번째의

•   첫 번째의

•   값비싼

•   값싼

C 다음 사진에 해당하는 영어 단어를 보기 에서 골라 쓰세요.

보기

fast	tired	sleepy	hungry
rich	poor	thirsty	strong

1

2

3

4

5

6

7

8

D 다음 우리말을 영어로 옮길 때, 빈칸에 알맞은 말을 보기 에서 골라 쓰세요.

보기

last	easy	with	third	become

1 그 퀴즈는 쉽습니다. ➡ The quiz is ....

2 세 번째 동그라미를 색칠합시다. ➡ Let's color the .... circle.

3 12월은 마지막 달입니다. ➡ December is the .... month.

4 나는 아빠와 함께 숙제를 합니다. ➡ I do my homework .... my dad.

5 오후에는 화창해질 겁니다. ➡ It will .... sunny in the afternoon.

정답 및 해석 >> p69

Quick Check

● Day 30에서 학습한 단어들을 듣고 쓴 후, 그 단어의 우리말 뜻을 쓰세요.

1   ➡

2   ➡

3   ➡

4   ➡

5   ➡

6   ➡

7   ➡

8   ➡

9   ➡

10   ➡

✍ 틀린 단어 써보기

MEMO

MEMO

초등영단어
문장의 시작

Level 3

워크북 + 정답 및 해석

초등영단어 Level **3**

문장의 시작

Level 3

초등영단어
문장의 시작

Workbook

다음 단어를 소리 내어 읽으며 세 번 이상 써보세요.

0601	**math** 수학	
0602	**music** 음악	
0603	**art** 미술, 예술	
0604	**P.E.** 체육	
0605	**science** 과학	
0606	**history** 역사	
0607	**social studies** 사회	
0608	**health** 보건, 건강	
0609	**reading** 읽기	
0610	**listening** 듣기	

Countries 국가

다음 단어를 소리 내어 읽으며 세 번 이상 써보세요.

0611	**Korea** 한국	
0612	**China** 중국	
0613	**Japan** 일본	
0614	**America** 미국	
0615	**Mexico** 멕시코	
0616	**England** 영국	
0617	**France** 프랑스	
0618	**Spain** 스페인	
0619	**Italy** 이탈리아	
0620	**Germany** 독일	

DAY 03   Language and People 언어와 국민

학습한 날 : _____ / _____

다음 단어를 소리 내어 읽으며 세 번 이상 써보세요.

0621 Korean
한국어, 한국 사람

0622 Chinese
중국어, 중국 사람

0623 Japanese
일본어, 일본 사람

0624 American
미국 사람

0625 Mexican
멕시코 사람

0626 English
영어

0627 French
프랑스어

0628 Spanish
스페인어

0629 Italian
이탈리아어, 이탈리아 사람

0630 German
독일어, 독일 사람

DAY 04 Places (1) 장소 (1)

다음 단어를 소리 내어 읽으며 세 번 이상 써보세요.

0631 place
곳, 장소; 놓다, 두다

0632 cafe
카페

0633 restaurant
식당, 음식점

0634 order
주문하다, 명령하다

0635 park
공원; 주차하다

0636 zoo
동물원

0637 market
시장

0638 church
교회

0639 temple
사원, 절

0640 hospital
병원

다음 단어를 소리 내어 읽으며 세 번 이상 써보세요.

0641	**indoor** 실내의	
0642	**outdoor** 야외의	
0643	**bottom** 맨 아래 부분, 바닥	
0644	**office** 사무실	
0645	**airport** 공항	
0646	**gallery** 미술관	
0647	**bookstore** 서점	
0648	**theater** 극장	
0649	**harbor** 항구	
0650	**square** 광장	

DAY 06 Directions (1) 방향 (1)

학습한 날 : _____ / _____

다음 단어를 소리 내어 읽으며 세 번 이상 써보세요.

0651	**right** 오른쪽; 옳은, 오른쪽의	
0652	**left** 왼쪽; 왼쪽의	
0653	**east** 동쪽	
0654	**west** 서쪽	
0655	**south** 남쪽	
0656	**north** 북쪽	
0657	**down** 아래로	
0658	**into** ~ 안으로, ~ 속으로	
0659	**across** 가로질러; ~ 건너편에	
0660	**along** ~을 따라, ~와 함께	

다음 단어를 소리 내어 읽으며 세 번 이상 써보세요.

0661
turn
차례; 돌다, 돌리다

0662
return
돌아가다, 돌아오다

0663
guide
안내하다

0664
show
보여주다, 알려주다

0665
find
발견하다, 찾다

0666
miss
놓치다, 그리워하다

0667
reach
닿다, 도착하다

0668
base
맨 아래 부분, 기초

0669
toward
~을 향하여

0670
near
~ 가까이, ~ 근처에

Months and Seasons (1) 월과 계절 (1)

다음 단어를 소리 내어 읽으며 세 번 이상 써보세요.

0671	**month** 달, 월	
0672	**year** 해, 년	
0673	**season** 계절	
0674	**spring** 봄	
0675	**summer** 여름	
0676	**autumn** 가을	
0677	**fall** 가을; 떨어지다	
0678	**winter** 겨울	
0679	**January** 1월	
0680	**February** 2월	

Months and Seasons (2) 월과 계절 (2)

다음 단어를 소리 내어 읽으며 세 번 이상 써보세요.

0681	**March** 3월	
0682	**April** 4월	
0683	**May** 5월	
0684	**June** 6월	
0685	**July** 7월	
0686	**August** 8월	
0687	**September** 9월	
0688	**October** 10월	
0689	**November** 11월	
0690	**December** 12월	

다음 단어를 소리 내어 읽으며 세 번 이상 써보세요.

0691	**never** 결코[절대] ~ 않다	
0692	**sometimes** 때때로, 가끔	
0693	**often** 자주, 흔히	
0694	**usually** 보통, 대개	
0695	**always** 항상, 언제나	
0696	**time** ~번, 때, 시간	
0697	**once** 한 번	
0698	**twice** 두 번	
0699	**almost** 거의	
0700	**usual** 흔히 하는, 평상시의	

Holidays (1) 휴가 (1)

다음 단어를 소리 내어 읽으며 세 번 이상 써보세요.

0701	**holiday** 휴가, 방학, 명절
0702	**vacation** 방학, 휴가
0703	**abroad** 해외로
0704	**travel** 여행하다, 이동하다
0705	**trip** 여행
0706	**enjoy** 즐기다
0707	**ticket** 티켓, 표
0708	**rest** 휴식; 쉬다
0709	**hotel** 호텔
0710	**parade** 퍼레이드

Holidays (2) 휴가 (2)

다음 단어를 소리 내어 읽으며 세 번 이상 써보세요.

0711	**beach** 해변, 바닷가
0712	**sunglasses** 선글라스
0713	**firework** 불꽃놀이
0714	**hike** 도보여행하다, 하이킹하다
0715	**tent** 텐트
0716	**camp** 야영지; 야영하다
0717	**lamp** 램프, 등
0718	**picnic** 소풍
0719	**lake** 호수
0720	**pool** 수영장

다음 단어를 소리 내어 읽으며 세 번 이상 써보세요.

0721	**event** 행사, 사건
0722	**party** 파티
0723	**festival** 축제
0724	**balloon** 풍선
0725	**mask** 가면, 마스크
0726	**candy** 사탕
0727	**card** 카드
0728	**invite** 초대하다
0729	**surprise** 놀라게 하다; 놀라움
0730	**marry** 결혼하다

학습한 날 : _____ / _____

다음 단어를 소리 내어 읽으며 세 번 이상 써보세요.

0731	**host** (손님을 초대한) 주인; 주최하다
0732	**hug** 껴안다; 포옹
0733	**handshake** 악수
0734	**tea** 차
0735	**snack** 간식
0736	**gift** 선물
0737	**congratulate** 축하하다
0738	**graduate** 졸업하다
0739	**recreation** 오락, 레크리에이션
0740	**wedding** 결혼, 결혼식

다음 단어를 소리 내어 읽으며 세 번 이상 써보세요.

0741	**eat** 먹다
0742	**taste** 맛; 맛이 ~하다
0743	**good** 좋은
0744	**bad** 안 좋은
0745	**sweet** 달콤한, 단
0746	**salty** 짠, 짭짤한
0747	**bitter** 맛이 쓴
0748	**sour** 신, 시큼한
0749	**delicious** 아주 맛있는
0750	**spicy** 양념 맛이 강한

Size and Length (1) 크기와 길이 (1)

다음 단어를 소리 내어 읽으며 세 번 이상 써보세요.

0751 **size**
크기, 치수

0752 **power**
힘

0753 **big**
(치수가) 큰

0754 **small**
(크기가) 작은

0755 **narrow**
좁은

0756 **wide**
넓은

0757 **tall**
키가 큰, 높은

0758 **short**
키가 작은, (길이가) 짧은

0759 **long**
(길이가) 긴, 오래

0760 **meter**
미터

DAY 17

Size and Length (2) 크기와 길이 (2)

다음 단어를 소리 내어 읽으며 세 번 이상 써보세요.

0761 **thick**
두꺼운

0762 **thin**
얇은, 가는

0763 **tiny**
아주 작은

0764 **little**
(크기 · 규모가) 작은

0765 **great**
(보통 이상으로) 큰, 아주 좋은

0766 **large**
(규모가) 큰

0767 **huge**
(크기가) 엄청난, 거대한

0768 **grand**
웅장한

0769 **broad**
(폭이) 넓은

0770 **half**
반, 절반

DAY 18  Quantity (1) 수량 (1)

다음 단어를 소리 내어 읽으며 세 번 이상 써보세요.

0771
many
많은; 많은 사람들

0772
much
많은; 많이

0773
any
(의문문) 얼마간의, (부정문) 조금도, 아무도

0774
some
(긍정문) 얼마간의, 약간의

0775
every
모든

0776
each
각각의; 각각

0777
few
약간의, 거의 없는

0778
several
몇 개의

0779
both
둘 다; 둘 다의

0780
double
두 배; 두 배의

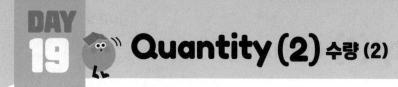
다음 단어를 소리 내어 읽으며 세 번 이상 써보세요.

0781	**add** 더하다	
0782	**all** 모든; 모두	
0783	**part** 일부, 약간, 부분	
0784	**full** 가득한, 아주 많은	
0785	**heavy** (양이 보통보다) 많은, 무거운	
0786	**weight** 무게	
0787	**height** 높이, 키	
0788	**most** 가장 많은, 대부분의	
0789	**only** 유일한; 오직	
0790	**enough** 충분한; 충분히	

 **Character** 성격

다음 단어를 소리 내어 읽으며 세 번 이상 써보세요.

0791	**wise** 지혜로운, 현명한	
0792	**smart** 영리한, 똑똑한	
0793	**clever** 영리한, 똑똑한	
0794	**quiet** 말이 별로 없는, 조용한	
0795	**mild** 순한, 온화한	
0796	**honest** 정직한	
0797	**active** 활동적인, 적극적인	
0798	**lazy** 게으른	
0799	**fool** 바보; 어리석은	
0800	**selfish** 이기적인	

Appearance (1) 외양 (1)

다음 단어를 소리 내어 읽으며 세 번 이상 써보세요.

0801	**pretty** 예쁜; 꽤
0802	**handsome** 잘생긴
0803	**beauty** 아름다움, 미인
0804	**ugly** 못생긴, 보기 싫은
0805	**beautiful** 아름다운
0806	**cute** 귀여운
0807	**lovely** 사랑스러운, 어여쁜
0808	**charming** 매력적인
0809	**elegant** 우아한
0810	**than** ~보다

Appearance (2) 외양 (2)

학습한 날 : _____ / _____

다음 단어를 소리 내어 읽으며 세 번 이상 써보세요.

0811
image
이미지

0812
slim
날씬한

0813
fat
뚱뚱한

0814
stout
(사람이) 통통한

0815
curly
곱슬곱슬한

0816
bald
대머리의

0817
splendid
아주 좋은

0818
vivid
(빛·색이) 선명한, 밝은

0819
brilliant
(빛·색이) 아주 선명한, (재능이) 뛰어난

0820
colorful
다채로운

다음 단어를 소리 내어 읽으며 세 번 이상 써보세요.

0821	**shape** 모양, 형태

0822	**rectangle** 직사각형

0823	**oval** 타원형; 타원형의

0824	**circle** 동그라미, 원

0825	**triangle** 삼각형

0826	**heart** 하트 (모양), 심장

0827	**arrow** 화살, 화살표

0828	**round** 둥근, 원형의

0829	**flat** 평평한, 편평한

0830	**straight** 곧은, 똑바른

DAY 24 Senses (1) 감각 (1)

학습한 날 : _____ / _____

다음 단어를 소리 내어 읽으며 세 번 이상 써보세요.

0831	**see** (눈을 떠서) 보다, 보이다, 이해하다
0832	**look** (한 방향으로 집중하여) 보다, 보이다
0833	**watch** (움직이는 것을 집중하여 일정 기간) 보다
0834	**hear** 듣다, 들리다
0835	**listen** (귀 기울여) 듣다
0836	**sound** 소리; ~처럼 들리다
0837	**smell** 냄새; 냄새가 나다
0838	**touch** 만지다; 촉각
0839	**feel** 느껴지다, (특정한 기분이) 들다
0840	**soft** 부드러운, 푹신한

다음 단어를 소리 내어 읽으며 세 번 이상 써보세요.

0841	**solid** 단단한
0842	**smooth** 매끄러운
0843	**rough** 거친
0844	**sticky** 끈적거리는
0845	**tight** (옷이) 딱 붙는, 갑갑한
0846	**loose** 느슨한, 헐거운
0847	**sharp** 날카로운
0848	**weak** (소리 · 빛 등이) 약한
0849	**comfortable** (신체적으로) 편안한
0850	**wet** 젖은

DAY 26  Order (1) 순서 (1)

다음 단어를 소리 내어 읽으며 세 번 이상 써보세요.

0851
first
첫 번째의

0852
second
두 번째의

0853
third
세 번째의

0854
fourth
네 번째의

0855
fifth
다섯 번째의

0856
sixth
여섯 번째의

0857
seventh
일곱 번째의

0858
eighth
여덟 번째의

0859
ninth
아홉 번째의

0860
tenth
열 번째의

다음 단어를 소리 내어 읽으며 세 번 이상 써보세요.

0861
eleventh
열한 번째의

0862
twelfth
열두 번째의

0863
thirteenth
열세 번째의

0864
fourteenth
열네 번째의

0865
fifteenth
열다섯 번째의

0866
sixteenth
열여섯 번째의

0867
seventeenth
열일곱 번째의

0868
eighteenth
열여덟 번째의

0869
nineteenth
열아홉 번째의

0870
twentieth
스무 번째의

DAY 28 Conditions (1) 상태 (1)

다음 단어를 소리 내어 읽으며 세 번 이상 써보세요.

0871
poor
가난한, 불쌍한

0872
rich
돈 많은, 부자인

0873
cheap
값싼

0874
expensive
값비싼

0875
difficult
어려운

0876
easy
쉬운

0877
with
~와 함께, ~을 가진

0878
without
~없이

0879
ready
준비가 된

0880
free
자유로운, 한가한, 무료의

다음 단어를 소리 내어 읽으며 세 번 이상 써보세요.

0881	**sleepy** 졸린
0882	**tired** 피곤한, 지친
0883	**alone** 혼자
0884	**strong** 튼튼한, 강한
0885	**young** 어린, 젊은
0886	**deep** 깊은
0887	**dirty** 더러운, 지저분한
0888	**hungry** 배고픈
0889	**thirsty** 목마른
0890	**last** 마지막의, 지난

다음 단어를 소리 내어 읽으며 세 번 이상 써보세요.

0891	**become** ~이 되다	

0892	**fast** (움직임이) 빠른; 빨리	

0893	**quick** (재)빠른	

0894	**blind** 눈이 먼	

0895	**deaf** 귀가 먼	

0896	**dumb** 말을 못하는	

0897	**true** 사실인, 진실인	

0898	**real** 진짜의, 실제의	

0899	**famous** 유명한	

0900	**popular** 인기 있는	

MEMO

초등영단어
문장의 시작

Level **3**

정답 및 해석

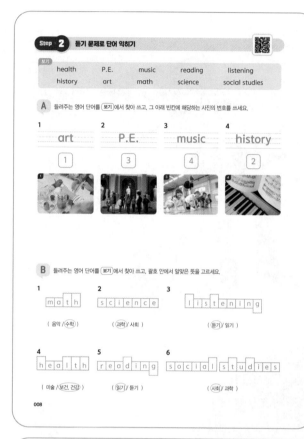

Step 2 듣기 문제로 단어 익히기

보기

health	P.E.	music	reading	listening
history	art	math	science	social studies

A 들려주는 영어 단어를 보기 에서 찾아 쓰고, 그 아래 빈칸에 해당하는 사진의 번호를 쓰세요.

1 art [1]
2 P.E. [3]
3 music [4]
4 history [2]

B 들려주는 영어 단어를 보기 에서 찾아 쓰고, 괄호 안에서 알맞은 뜻을 고르세요.

1 m a t h (음악 /(수학))
2 s c i e n c e ((과학)/ 사회)
3 l i s t e n i n g ((듣기)/ 읽기)
4 h e a l t h (미술 /(보건, 건강))
5 r e a d i n g ((읽기)/ 듣기)
6 s o c i a l s t u d i e s ((사회)/ 과학)

008

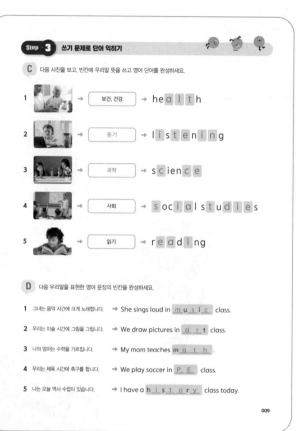

Step 3 쓰기 문제로 단어 익히기

C 다음 사진을 보고, 빈칸에 우리말 뜻을 쓰고 영어 단어를 완성하세요.

1 보건, 건강 → h e a l t h
2 듣기 → l i s t e n i n g
3 과학 → s c i e n c e
4 사회 → s o c i a l s t u d i e s
5 읽기 → r e a d i n g

D 다음 우리말을 표현한 영어 문장의 빈칸을 완성하세요.

1 그녀는 음악 시간에 크게 노래합니다. → She sings loud in m u s i c class.
2 우리는 미술 시간에 그림을 그립니다. → We draw pictures in a r t class.
3 나의 엄마는 수학을 가르칩니다. → My mom teaches m a t h.
4 우리는 체육 시간에 축구를 합니다. → We play soccer in P. E. class.
5 나는 오늘 역사 수업이 있습니다. → I have a h i s t o r y class today.

009

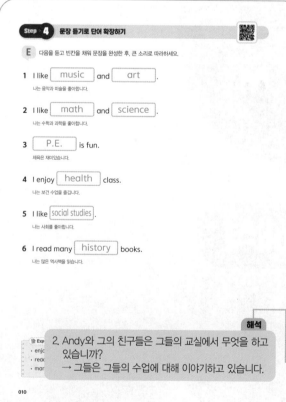

Step 4 문장 듣기로 단어 확장하기

E 다음을 듣고 빈칸을 채워 문장을 완성한 후, 큰 소리로 따라하세요.

1 I like music and art .
나는 음악과 미술을 좋아합니다.

2 I like math and science .
나는 수학과 과학을 좋아합니다.

3 P.E. is fun.
체육은 재미있습니다.

4 I enjoy health class.
나는 보건 수업을 즐깁니다.

5 I like social studies .
나는 사회를 좋아합니다.

6 I read many history books.
나는 많은 역사책을 읽습니다.

해석
2. Andy와 그의 친구들은 그들의 교실에서 무엇을 하고 있습니까?
→ 그들은 그들의 수업에 대해 이야기하고 있습니다.

010

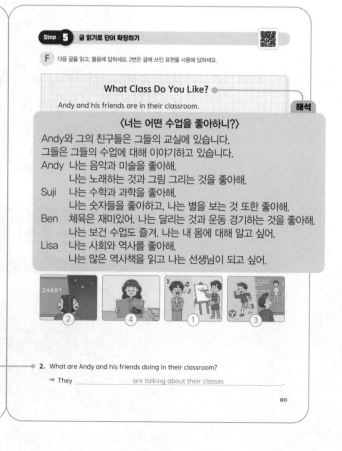

Step 5 글 읽기로 단어 확장하기

F 다음 글을 읽고, 물음에 답하세요. 2번은 글에 쓰인 표현을 사용해 답하세요.

What Class Do You Like?

Andy and his friends are in their classroom.

해석

〈너는 어떤 수업을 좋아하니?〉
Andy와 그의 친구들은 그들의 교실에 있습니다.
그들은 그들의 수업에 대해 이야기하고 있습니다.
Andy 나는 음악과 미술을 좋아해.
나는 노래하는 것과 그림 그리는 것을 좋아해.
Suji 나는 수학과 과학을 좋아해.
나는 숫자들을 좋아하고, 나는 별을 보는 것 또한 좋아해.
Ben 체육은 재미있어. 나는 달리는 것과 운동 경기하는 것을 좋아해.
나는 보건 수업도 즐겨. 나는 내 몸에 대해 알고 싶어.
Lisa 나는 사회와 역사를 좋아해.
나는 많은 역사책을 읽고 나는 선생님이 되고 싶어.

2 4 1 3

2. What are Andy and his friends doing in their classroom?
→ They _____ are talking about their classes _____.

011

DAY 02

Quick Check

1 art → 미술, 예술 2 P.E. → 체육 3 reading → 읽기 4 listening → 듣기 5 math → 수학

6 history → 역사 7 health → 보건, 건강 8 music → 음악 9 social studies → 사회 10 science → 과학

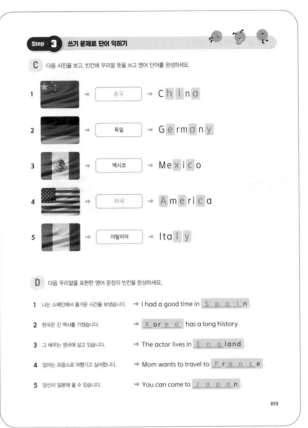

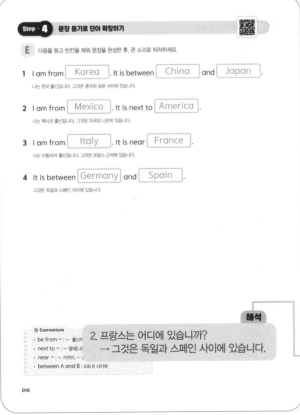

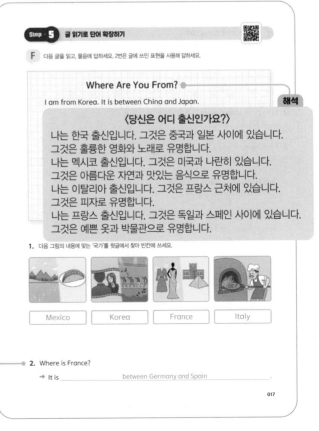

Quick Check

1 Italy → 이탈리아 2 Spain → 스페인 3 Japan → 일본 4 Korea → 한국 5 France → 프랑스
6 China → 중국 7 Mexico → 멕시코 8 Germany → 독일 9 America → 미국 10 England → 영국

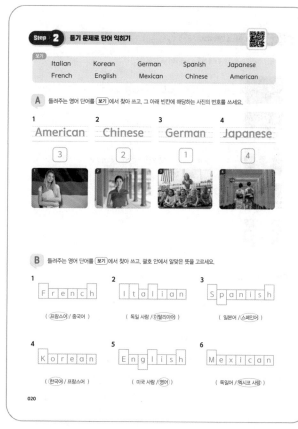

Step 2 듣기 문제로 단어 익히기

〈보기〉
Italian Korean German Spanish Japanese
French English Mexican Chinese American

A 들려주는 영어 단어를 [보기]에서 찾아 쓰고, 그 아래 빈칸에 해당하는 사진의 번호를 쓰세요.

1 American 2 Chinese 3 German 4 Japanese
[3] [2] [1] [4]

B 들려주는 영어 단어를 [보기]에서 찾아 쓰고, 괄호 안에서 알맞은 뜻을 고르세요.

1 French (프랑스어 / 중국어)
2 Italian (독일 사람 / 이탈리아어)
3 Spanish (일본어 / 스페인어)
4 Korean (한국어 / 프랑스어)
5 English (미국 사람 / 영어)
6 Mexican (독일어 / 멕시코 사람)

020

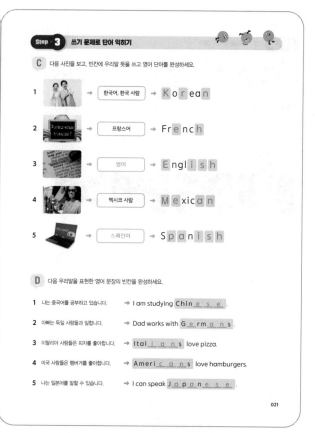

Step 3 쓰기 문제로 단어 익히기

C 다음 사진을 보고, 빈칸에 우리말 뜻을 쓰고 영어 단어를 완성하세요.

1 한국어, 한국 사람 → K o r e a n
2 프랑스어 → F r e n c h
3 영어 → E n g l i s h
4 멕시코 사람 → M e x i c a n
5 스페인어 → S p a n i s h

D 다음 우리말을 표현한 영어 문장의 빈칸을 완성하세요.

1 나는 중국어를 공부하고 있습니다. → I am studying Chin e s e .
2 아빠는 독일 사람들과 일합니다. → Dad works with G e r m a n s .
3 이탈리아 사람들은 피자를 좋아합니다. → Ital i a n s love pizza.
4 미국 사람들은 햄버거를 좋아합니다. → Ameri c a n s love hamburgers.
5 나는 일본어를 말할 수 있습니다. → I can speak J a p a n e s e .

021

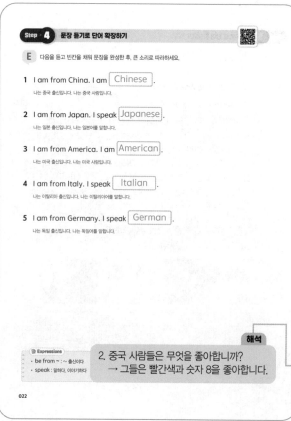

Step 4 문장 듣기로 단어 확장하기

E 다음을 듣고 빈칸을 채워 문장을 완성한 후, 큰 소리로 따라하세요.

1 I am from China. I am [Chinese].
나는 중국 출신입니다. 나는 중국 사람입니다.

2 I am from Japan. I speak [Japanese].
나는 일본 출신입니다. 나는 일본어를 말합니다.

3 I am from America. I am [American].
나는 미국 출신입니다. 나는 미국 사람입니다.

4 I am from Italy. I speak [Italian].
나는 이탈리아 출신입니다. 나는 이탈리아어를 말합니다.

5 I am from Germany. I speak [German].
나는 독일 출신입니다. 나는 독일어를 말합니다.

📖 Expressions
· be from ~ : ~ 출신이다
· speak : 말하다, 이야기하다

해석
2. 중국 사람들은 무엇을 좋아합니까?
→ 그들은 빨간색과 숫자 8을 좋아합니다.

022

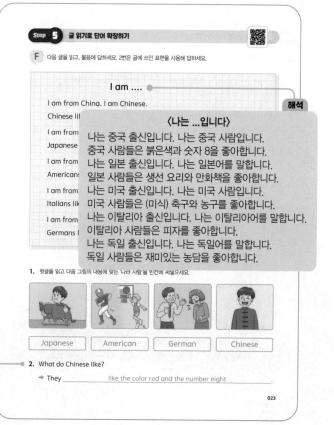

Step 5 글 읽기로 단어 확장하기

F 다음 글을 읽고, 물음에 답하세요. 2번은 글에 쓰인 표현을 사용해 답하세요.

I am ....

I am from China. I am Chinese.
Chinese li...
I am from ...
Japanese ...
I am from ...
Americans ...
Italians li...
I am from ...
Germans ...

해석
〈나는 ...입니다〉
나는 중국 출신입니다. 나는 중국 사람입니다.
중국 사람들은 붉은색과 숫자 8을 좋아합니다.
나는 일본 출신입니다. 나는 일본어를 말합니다.
일본 사람들은 생선 요리와 만화책을 좋아합니다.
나는 미국 출신입니다. 나는 미국 사람입니다.
미국 사람들은 (미식) 축구와 농구를 좋아합니다.
나는 이탈리아 출신입니다. 나는 이탈리아어를 말합니다.
이탈리아 사람들은 피자를 좋아합니다.
나는 독일 출신입니다. 나는 독일어를 말합니다.
독일 사람들은 재미있는 농담을 좋아합니다.

1. 윗글을 읽고 다음 그림의 내용에 맞는 '나라 사람'을 빈칸에 써넣으세요.

Japanese American German Chinese

2. What do Chinese like?
→ They _____ like the color red and the number eight _____ .

023

Quick Check

1 English → 영어 2 French → 프랑스어 3 Spanish → 스페인어 4 German → 독일어, 독일 사람 5 Chinese → 중국어, 중국 사람 6 Korean → 한국어, 한국 사람 7 Japanese → 일본어, 일본 사람 8 Italian → 이탈리아어, 이탈리아 사람 9 Mexican → 멕시코 사람 10 American → 미국 사람

Step 2 듣기 문제로 단어 익히기

보기

| temple | church | park | zoo | hospital |
| market | place | order | cafe | restaurant |

A 들려주는 영어 단어를 보기에서 찾아 쓰고, 그 아래 빈칸에 해당하는 사진의 번호를 쓰세요.

1 market [1]
2 hospital [3]
3 church [2]
4 cafe [4]

B 들려주는 영어 단어를 보기에서 찾아 쓰고, 괄호 안에서 알맞은 뜻을 고르세요.

1 z o o (시장 / **동물원**)
2 p l a c e (**장소** / 병원)
3 r e s t a u r a n t (교회 / **식당**)
4 p a r k (장소 / **공원**)
5 o r d e r (**주문하다** / 놀다)
6 t e m p l e (카페 / **사원, 절**)

026

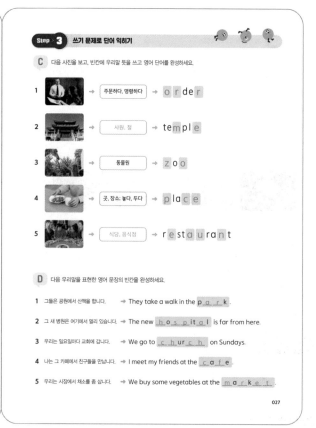

Step 3 쓰기 문제로 단어 익히기

C 다음 사진을 보고, 빈칸에 우리말 뜻을 쓰고 영어 단어를 완성하세요.

1 → 주문하다, 명령하다 → o r d e r
2 → 사원, 절 → t e m p l e
3 → 동물원 → z o o
4 → 곳, 장소; 놓다, 두다 → p l a c e
5 → 식당, 음식점 → r e s t a u r a n t

D 다음 우리말을 표현한 영어 문장의 빈칸을 완성하세요.

1 그들은 공원에서 산책을 합니다. → They take a walk in the p a r k.
2 그 새 병원은 여기서 멀리 있습니다. → The new h o s p i t a l is far from here.
3 우리는 일요일마다 교회에 갑니다. → We go to c h u r c h on Sundays.
4 나는 그 카페에서 친구들을 만납니다. → I meet my friends at the c a f e.
5 우리는 시장에서 채소를 좀 삽니다. → We buy some vegetables at the m a r k e t.

027

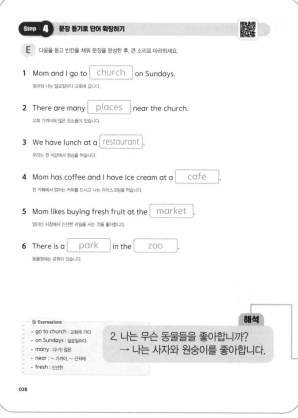

Step 4 문장 듣기로 단어 확장하기

E 다음을 듣고 빈칸을 채워 문장을 완성한 후, 큰 소리로 따라하세요.

1 Mom and I go to [church] on Sundays.
엄마와 나는 일요일마다 교회에 갑니다.

2 There are many [places] near the church.
교회 가까이에 많은 장소들이 있습니다.

3 We have lunch at a [restaurant].
우리는 한 식당에서 점심을 먹습니다.

4 Mom has coffee and I have ice cream at a [cafe].
한 카페에서 엄마는 커피를 드시고 나는 아이스크림을 먹습니다.

5 Mom likes buying fresh fruit at the [market].
엄마는 시장에서 신선한 과일을 사는 것을 좋아합니다.

6 There is a [park] in the [zoo].
동물원에는 공원이 있습니다.

Expressions
· go to church : 교회에 가다
· on Sundays : 일요일마다
· many : (수가) 많은
· near : ~ 가까이, ~ 근처에
· fresh : 신선한

해석
2. 나는 무슨 동물들을 좋아합니까?
→ 나는 사자와 원숭이를 좋아합니다.

028

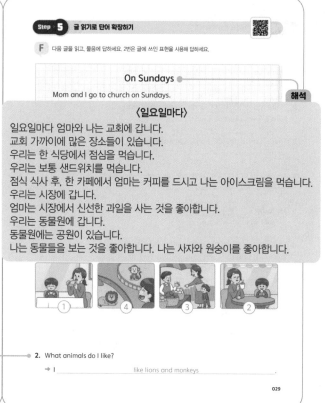

Step 5 글 읽기로 단어 확장하기

F 다음 글을 읽고, 물음에 답하세요. 2번은 글에 쓰인 표현을 사용해 답하세요.

On Sundays

Mom and I go to church on Sundays.

해석

⟨일요일마다⟩
일요일마다 엄마와 나는 교회에 갑니다.
교회 가까이에 많은 장소들이 있습니다.
우리는 한 식당에서 점심을 먹습니다.
우리는 보통 샌드위치를 먹습니다.
점심 식사 후, 한 카페에서 엄마는 커피를 드시고 나는 아이스크림을 먹습니다.
우리는 시장에 갑니다.
엄마는 시장에서 신선한 과일을 사는 것을 좋아합니다.
우리는 동물원에 갑니다.
동물원에는 공원이 있습니다.
나는 동물들을 보는 것을 좋아합니다. 나는 사자와 원숭이를 좋아합니다.

2. What animals do I like?
→ I _____ like lions and monkeys

029

정답 및 해석 **37**

Quick Check

1 cafe → 카페 2 zoo → 동물원 3 market → 시장 4 order → 주문하다, 명령하다 5 hospital → 병원 6 restaurant → 식당, 음식점

7 place → 곳, 장소; 놓다, 두다 8 temple → 사원, 절 9 church → 교회 10 park → 공원; 주차하다

Step 2 듣기 문제로 단어 익히기

보기

| office | theater | airport | gallery | bookstore |
| harbor | outdoor | square | indoor | bottom |

A 들려주는 영어 단어를 보기에서 찾아 쓰고, 그 아래 빈칸에 해당하는 사진의 번호를 쓰세요.

1	2	3	4
airport	bookstore	gallery	theater
3	4	2	1

B 들려주는 영어 단어를 보기에서 찾아 쓰고, 괄호 안에서 알맞은 뜻을 고르세요.

1 o f f i c e (미술관 / 사무실)

2 s q u a r e (광장 / 극장)

3 b o t t o m (서점 / 맨 아래 부분)

4 i n d o o r (실내의 / 야외의)

5 h a r b o r (광장 / 항구)

6 o u t d o o r (야외의 / 공항)

032

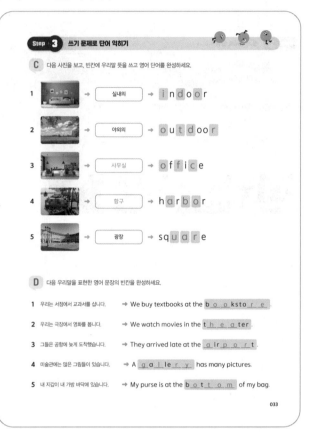

Step 3 쓰기 문제로 단어 익히기

C 다음 사진을 보고, 빈칸에 우리말 뜻을 쓰고 영어 단어를 완성하세요.

1 → 실내의 → i n d o o r

2 → 야외의 → o u t d o o r

3 → 사무실 → o f f i c e

4 → 항구 → h a r b o r

5 → 광장 → s q u a r e

D 다음 우리말을 표현한 영어 문장의 빈칸을 완성하세요.

1 우리는 서점에서 교과서를 삽니다. → We buy textbooks at the b o o k s t o r e .

2 우리는 극장에서 영화를 봅니다. → We watch movies in the t h e a t e r .

3 그들은 공항에 늦게 도착했습니다. → They arrived late at the a i r p o r t .

4 미술관에는 많은 그림이 있습니다. → A g a l l e r y has many pictures.

5 내 지갑이 내 가방 바닥에 있습니다. → My purse is at the b o t t o m of my bag.

033

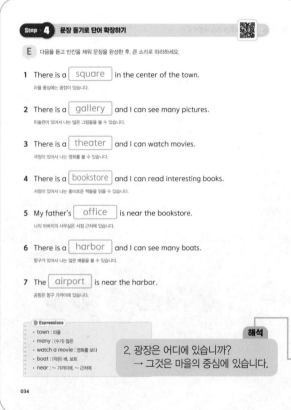

Step 4 문장 듣기로 단어 확장하기

E 다음을 듣고 빈칸을 채워 문장을 완성한 후, 큰 소리로 따라하세요.

1 There is a [square] in the center of the town.
마을 중심에는 광장이 있습니다.

2 There is a [gallery] and I can see many pictures.
미술관이 있어서 나는 많은 그림을 볼 수 있습니다.

3 There is a [theater] and I can watch movies.
극장이 있어서 나는 영화를 볼 수 있습니다.

4 There is a [bookstore] and I can read interesting books.
서점이 있어서 나는 흥미로운 책들을 읽을 수 있습니다.

5 My father's [office] is near the bookstore.
나의 아버지의 사무실이 서점 근처에 있습니다.

6 There is a [harbor] and I can see many boats.
항구가 있어서 나는 많은 배들을 볼 수 있습니다.

7 The [airport] is near the harbor.
공항이 항구 가까이에 있습니다.

Expressions
- town : 마을
- many : (수가) 많은
- watch a movie : 영화를 보다
- boat : (작은) 배, 보트
- near : ~ 가까이에, ~ 근처에

해석

2. 광장은 어디에 있습니까?
→ 그것은 마을의 중심에 있습니다.

034

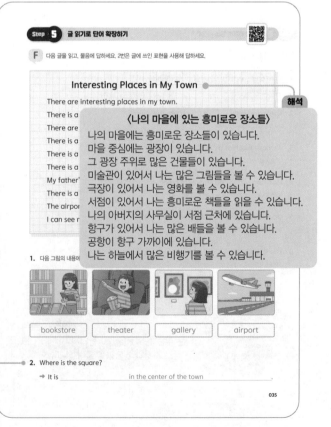

Step 5 글 읽기로 단어 확장하기

F 다음 글을 읽고, 물음에 답하세요. 2번은 글에 쓰인 표현을 사용해 답하세요.

Interesting Places in My Town

There are interesting places in my town.
There is a ...
There are ...
There is a ...
There is a ...
There is a ...
My father' ...
There is a ...
The airpor ...
I can see ...

해석

〈나의 마을에 있는 흥미로운 장소들〉

나의 마을에는 흥미로운 장소들이 있습니다.
마을 중심에는 광장이 있습니다.
그 광장 주위로 많은 건물들이 있습니다.
미술관이 있어서 나는 많은 그림들을 볼 수 있습니다.
극장이 있어서 나는 영화를 볼 수 있습니다.
서점이 있어서 나는 흥미로운 책들을 읽을 수 있습니다.
나의 아버지의 사무실이 서점 근처에 있습니다.
항구가 있어서 나는 많은 배들을 볼 수 있습니다.
공항이 항구 가까이에 있습니다.
나는 하늘에서 많은 비행기를 볼 수 있습니다.

1. 다음 그림의 내용에 ...

| bookstore | theater | gallery | airport |

2. Where is the square?
→ It is _____ in the center of the town .

035

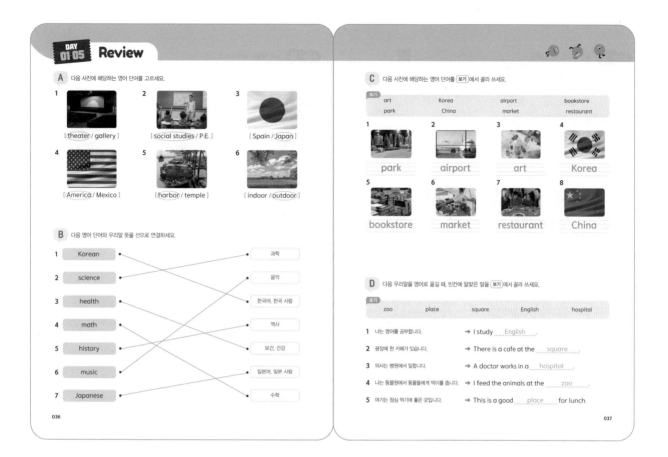

Quick Check

1 bottom → 맨 아래 부분, 바닥 2 harbor → 항구 3 airport → 공항 4 bookstore → 서점 5 gallery → 미술관

6 square → 광장 7 indoor → 실내의 8 outdoor → 야외의 9 office → 사무실 10 theater → 극장

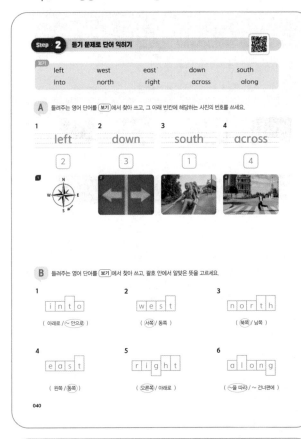

Step 2 듣기 문제로 단어 익히기

보기

| left | west | east | down | south |
| into | north | right | across | along |

A 들려주는 영어 단어를 보기에서 찾아 쓰고, 그 아래 빈칸에 해당하는 사진의 번호를 쓰세요.

1 left 2
2 down 3
3 south 1
4 across 4

B 들려주는 영어 단어를 보기에서 찾아 쓰고, 괄호 안에서 알맞은 뜻을 고르세요.

1 i n t o (아래로 / ~안으로)
2 w e s t (서쪽 / 동쪽)
3 n o r t h (북쪽 / 남쪽)
4 e a s t (왼쪽 / 동쪽)
5 r i g h t (오른쪽 / 아래로)
6 a l o n g (~을 따라 / ~ 건너편에)

040

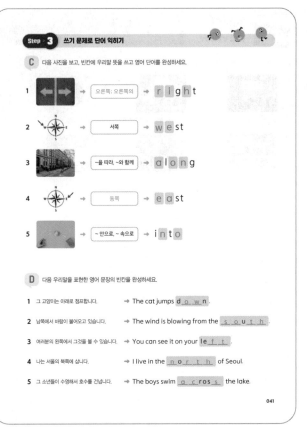

Step 3 쓰기 문제로 단어 익히기

C 다음 사진을 보고, 빈칸에 우리말 뜻을 쓰고 영어 단어를 완성하세요.

1 → [오른쪽; 오른쪽의] → r i g h t
2 → [서쪽] → w e s t
3 → [~을 따라, ~와 함께] → a l o n g
4 → [동쪽] → e a s t
5 → [~ 안으로, ~ 속으로] → i n t o

D 다음 우리말을 표현한 영어 문장의 빈칸을 완성하세요.

1 그 고양이는 아래로 점프합니다. → The cat jumps d o w n .
2 남쪽에서 바람이 불어오고 있습니다. → The wind is blowing from the s o u t h .
3 여러분의 왼쪽에서 그것을 볼 수 있습니다. → You can see it on your le f t .
4 나는 서울의 북쪽에 삽니다. → I live in the n o r t h of Seoul.
5 그 소년들이 수영해서 호수를 건넙니다. → The boys swim a c r o s s the lake.

041

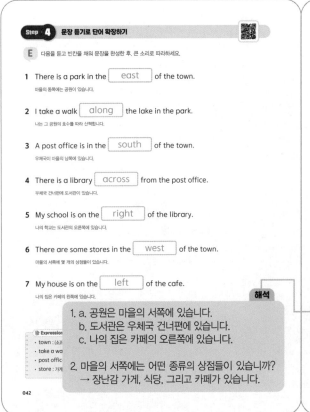

Step 4 문장 듣기로 단어 확장하기

E 다음을 듣고 빈칸을 채워 문장을 완성한 후, 큰 소리로 따라하세요.

1 There is a park in the [east] of the town.
마을의 동쪽에는 공원이 있습니다.

2 I take a walk [along] the lake in the park.
나는 그 공원의 호수를 따라 산책합니다.

3 A post office is in the [south] of the town.
우체국이 마을의 남쪽에 있습니다.

4 There is a library [across] from the post office.
우체국 건너편에 도서관이 있습니다.

5 My school is on the [right] of the library.
나의 학교는 도서관의 오른쪽에 있습니다.

6 There are some stores in the [west] of the town.
마을의 서쪽에 몇 개의 상점들이 있습니다.

7 My house is on the [left] of the cafe.
나의 집은 카페의 왼쪽에 있습니다.

해석

1. a. 공원은 마을의 서쪽에 있습니다.
   b. 도서관은 우체국 건너편에 있습니다.
   c. 나의 집은 카페의 오른쪽에 있습니다.

Expression
· town : 소도
· take a wa
· post offic
· store : 가게

2. 마을의 서쪽에는 어떤 종류의 상점들이 있습니까?
   → 장난감 가게, 식당, 그리고 카페가 있습니다.

042

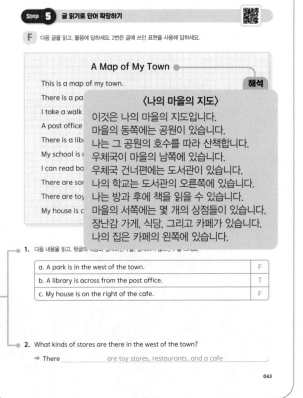

Step 5 글 읽기로 단어 확장하기

F 다음 글을 읽고, 물음에 답하세요. 2번은 글에 쓰인 표현을 사용해 답하세요.

A Map of My Town

This is a map of my town.
There is a p
I take a walk
A post office
There is a lib
My school is
I can read bo
There are so
There are toy
My house is c

해석

〈나의 마을의 지도〉
이것은 나의 마을의 지도입니다.
마을의 동쪽에는 공원이 있습니다.
나는 그 공원의 호수를 따라 산책합니다.
우체국이 마을의 남쪽에 있습니다.
우체국 건너편에는 도서관이 있습니다.
나의 학교는 도서관의 오른쪽에 있습니다.
나는 방과 후에 책을 읽을 수 있습니다.
마을의 서쪽에는 몇 개의 상점들이 있습니다.
장난감 가게, 식당, 그리고 카페가 있습니다.
나의 집은 카페의 왼쪽에 있습니다.

1. 다음 내용을 읽고, 윗글의 내용과 일치하면 T, 일치하지 않으면 F를 고르세요.

a. A park is in the west of the town.	F
b. A library is across from the post office.	T
c. My house is on the right of the cafe.	F

2. What kinds of stores are there in the west of the town?
   → There [are toy stores, restaurants, and a cafe] .

043

Quick Check
1 left → 왼쪽; 왼쪽의 2 east → 동쪽 3 down → 아래로 4 across → 가로질러; ~건너편에 5 along → ~을 따라, ~와 함께
6 into → ~ 안으로, ~ 속으로 7 right → 오른쪽; 옳은, 오른쪽의 8 west → 서쪽 9 north → 북쪽 10 south → 남쪽

Step 2 듣기 문제로 단어 익히기

보기
| return | find | turn | base | guide |
| toward | miss | near | show | reach |

A 들려주는 영어 단어를 보기에서 찾아 쓰고, 그 아래 빈칸에 해당하는 사진의 번호를 쓰세요.

1	2	3	4
return	miss	guide	base
4	2	1	3

B 들려주는 영어 단어를 보기에서 찾아 쓰고, 괄호 안에 알맞은 뜻을 고르세요.

1 find (돌다 / 발견하다)
2 near (~ 가까이 / 닿다)
3 turn (차례 / 맨 아래 부분)
4 reach (돌아가다 / 도착하다)
5 show (보여주다 / 발견하다)
6 toward (~ 근처에 / ~을 향하여)

046

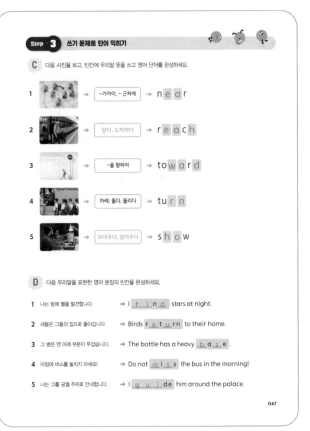

Step 3 쓰기 문제로 단어 익히기

C 다음 사진을 보고, 빈칸에 우리말 뜻을 쓰고 영어 단어를 완성하세요.

1 → ~가까이, ~ 근처에 → n e a r
2 → 닿다, 도착하다 → r e a c h
3 → ~을 향하여 → to w a r d
4 → 차례; 돌다, 돌리다 → tu r n
5 → 보여주다, 알려주다 → s h o w

D 다음 우리말을 표현한 영어 문장의 빈칸을 완성하세요.

1 나는 밤에 별을 발견합니다. → I f i n d stars at night.
2 새들은 그들의 집으로 돌아갑니다. → Birds r e t u r n to their home.
3 그 병은 맨 아래 부분이 무겁습니다. → The bottle has a heavy b a s e .
4 아침에 버스를 놓치지 마세요! → Do not m i s s the bus in the morning!
5 나는 그를 궁궐 주위로 안내합니다. → I g u i d e him around the palace.

047

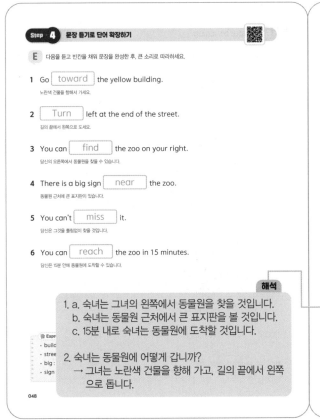

Step 4 문장 듣기로 단어 확장하기

E 다음을 듣고 빈칸을 채워 문장을 완성한 후, 큰 소리로 따라하세요.

1 Go toward the yellow building.
노란색 건물을 향해서 가세요.

2 Turn left at the end of the street.
길의 끝에서 왼쪽으로 도세요.

3 You can find the zoo on your right.
당신의 오른쪽에서 동물원을 찾을 수 있습니다.

4 There is a big sign near the zoo.
동물원 근처에 큰 표지판이 있습니다.

5 You can't miss it.
당신은 그것을 틀림없이 찾을 것입니다.

6 You can reach the zoo in 15 minutes.
당신은 15분 안에 동물원에 도착할 수 있습니다.

해석

1. a. 숙녀는 그녀의 왼쪽에서 동물원을 찾을 것입니다.
   b. 숙녀는 동물원 근처에서 큰 표지판을 볼 것입니다.
   c. 15분 내로 숙녀는 동물원에 도착할 것입니다.

2. 숙녀는 동물원에 어떻게 갑니까?
   → 그녀는 노란색 건물을 향해 가고, 길의 끝에서 왼쪽으로 돕니다.

048

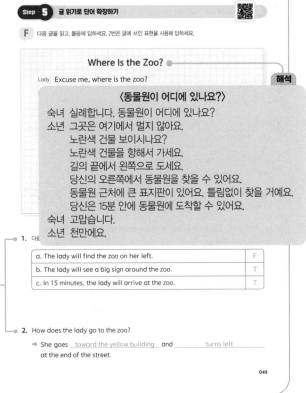

Step 5 글 읽기로 단어 확장하기

F 다음 글을 읽고, 물음에 답하세요. 2번은 글에 쓰인 표현을 사용해 답하세요.

Where Is the Zoo?

Lady Excuse me, where is the zoo?

해석

〈동물원이 어디에 있나요?〉
숙녀 실례합니다. 동물원이 어디에 있나요?
소년 그곳은 여기에서 멀지 않아요.
　　노란색 건물 보이시나요?
　　노란색 건물을 향해서 가세요.
　　길의 끝에서 왼쪽으로 도세요.
　　당신의 오른쪽에서 동물원을 찾을 수 있어요.
　　동물원 근처에 큰 표지판이 있어요. 틀림없이 찾을 거예요.
　　당신은 15분 안에 동물원에 도착할 수 있어요.
숙녀 고맙습니다.
소년 천만에요.

1. 다음

a. The lady will find the zoo on her left.	F
b. The lady will see a big sign around the zoo.	T
c. In 15 minutes, the lady will arrive at the zoo.	T

2. How does the lady go to the zoo?
→ She goes toward the yellow building and turns left at the end of the street.

049

DAY 08

Quick Check

1 miss → 놓치다, 그리워하다 2 reach → 닿다, 도착하다 3 base → 맨 아래 부분, 기초 4 near → ~ 가까이, ~ 근처에 5 turn → 차례; 돌다, 돌리다
6 find → 발견하다, 찾다 7 show → 보여주다, 알려주다 8 guide → 안내하다 9 return → 돌아가다, 돌아오다 10 toward → ~을 향하여

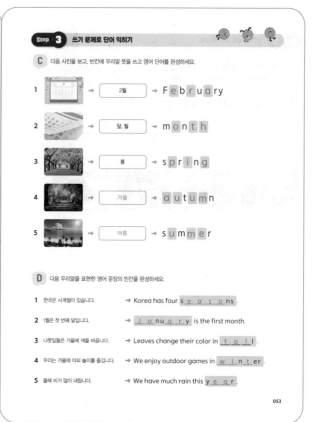

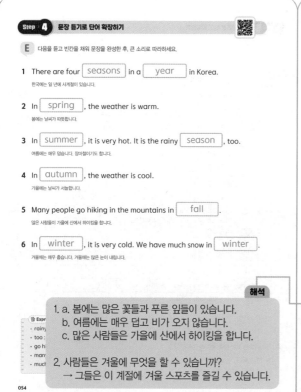

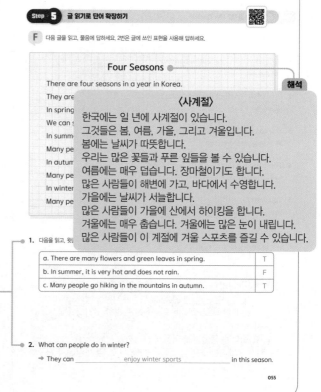

052

053

054

055

42 초등영단어 Level 3

Quick Check

1 season → 계절 2 fall → 가을; 떨어지다 3 winter → 겨울 4 spring → 봄 5 summer → 여름
6 January → 1월 7 year → 해, 년 8 month → 달, 월 9 autumn → 가을 10 February → 2월

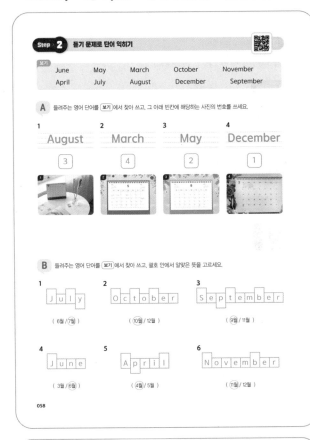

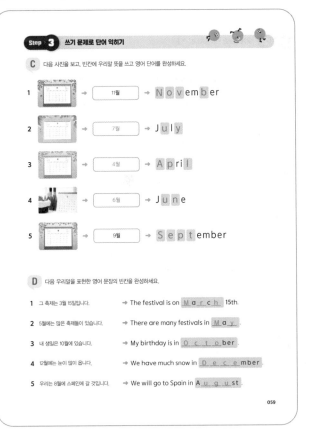

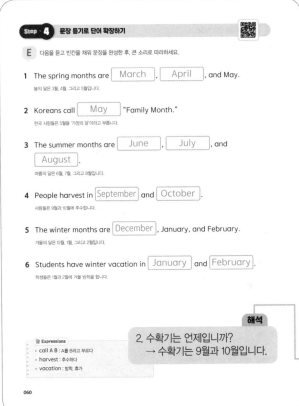

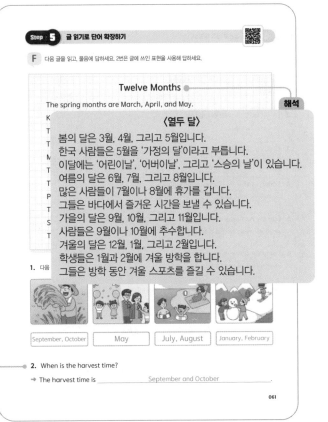

Quick Check

1 May → 5월 2 July → 7월 3 June → 6월 4 April → 4월 5 September → 9월
6 October → 10월 7 November → 11월 8 August → 8월 9 December → 12월 10 March → 3월

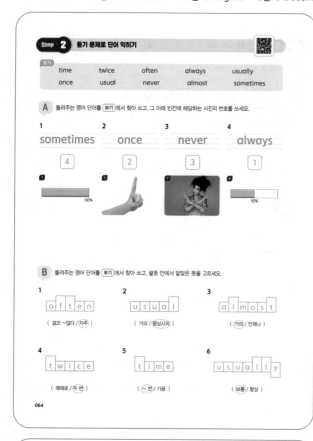

Step 2 듣기 문제로 단어 익히기

보기
| time | twice | often | always | usually |
| once | usual | never | almost | sometimes |

A 들려주는 영어 단어를 보기에서 찾아 쓰고, 그 아래 빈칸에 해당하는 사진의 번호를 쓰세요.

1	2	3	4
sometimes	once	never	always
4	2	3	1

B 들려주는 영어 단어를 보기에서 찾아 쓰고, 괄호 안에서 알맞은 뜻을 고르세요.

1 o f t e n
(결코 ~않다 / 자주)

2 u s u a l
(거의 / 평상시의)

3 a l m o s t
(거의 / 언제나)

4 t w i c e
(때때로 / 두 번)

5 t i m e
(~ 번 / 가끔)

6 u s u a l l y
(보통 / 항상)

064

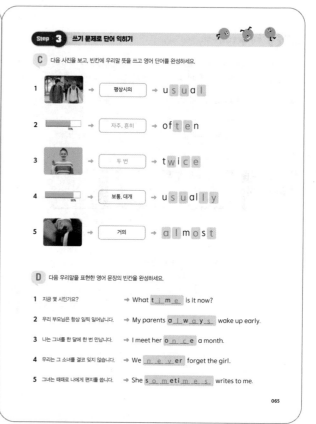

Step 3 쓰기 문제로 단어 익히기

C 다음 사진을 보고, 빈칸에 우리말 뜻을 쓰고 영어 단어를 완성하세요.

1 → 평상시의 → u s u a l

2 → 자주, 흔히 → o f t e n

3 → 두 번 → t w i c e

4 → 보통, 대개 → u s u a l l y

5 → 거의 → a l m o s t

D 다음 우리말을 표현한 영어 문장의 빈칸을 완성하세요.

1 지금 몇 시인가요? → What t i m e is it now?

2 우리 부모님은 항상 일어납니다. → My parents a l w a y s wake up early.

3 나는 그녀를 한 달에 한 번 만납니다. → I meet her o n c e a month.

4 우리는 그 소녀를 결코 잊지 않습니다. → We n e v e r forget the girl.

5 그녀는 때때로 나에게 편지를 씁니다. → She s o m e t i m e s writes to me.

065

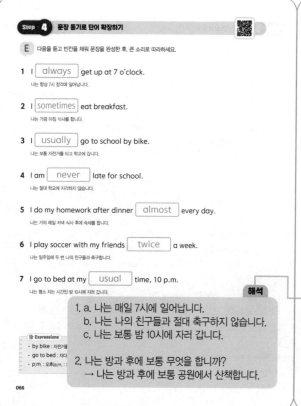

Step 4 문장 듣기로 단어 확장하기

E 다음을 듣고 빈칸을 채워 문장을 완성한 후, 큰 소리로 따라하세요.

1 I **always** get up at 7 o'clock.
나는 항상 7시 정각에 일어납니다.

2 I **sometimes** eat breakfast.
나는 가끔 아침 식사를 합니다.

3 I **usually** go to school by bike.
나는 보통 자전거를 타고 학교에 갑니다.

4 I am **never** late for school.
나는 절대 학교에 지각하지 않습니다.

5 I do my homework after dinner **almost** every day.
나는 거의 매일 저녁 식사 후에 숙제를 합니다.

6 I play soccer with my friends **twice** a week.
나는 일주일에 두 번 나의 친구들과 축구합니다.

7 I go to bed at my **usual** time, 10 p.m.
나는 평소 자는 시간인 밤 10시에 자러 갑니다.

해석
1. a. 나는 매일 7시에 일어납니다.
   b. 나는 나의 친구들과 절대 축구하지 않습니다.
   c. 나는 보통 밤 10시에 자러 갑니다.

2. 나는 방과 후에 보통 무엇을 합니까?
   → 나는 방과 후에 보통 공원에서 산책합니다.

📝 Expressions
• by bike : 자전거를
• go to bed : 자다
• p.m. : 오후(a.m. : 오전)

066

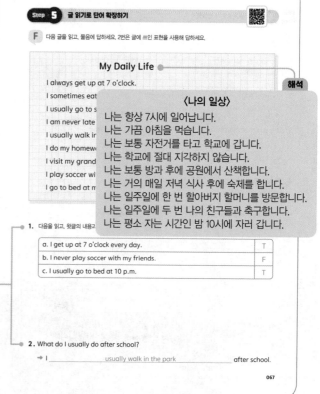

Step 5 글 읽기로 단어 확장하기

F 다음 글을 읽고, 물음에 답하세요. 2번은 글에 쓰인 표현을 사용해 답하세요.

My Daily Life

I always get up at 7 o'clock.
I sometimes eat
I usually go to s
I am never late
I usually walk in
I do my homew
I visit my grand
I play soccer wi
I go to bed at m

해석

〈나의 일상〉
나는 항상 7시에 일어납니다.
나는 가끔 아침을 먹습니다.
나는 보통 자전거를 타고 학교에 갑니다.
나는 학교에 절대 지각하지 않습니다.
나는 보통 방과 후에 공원에서 산책합니다.
나는 거의 매일 저녁 식사 후에 숙제를 합니다.
나는 일주일에 한 번 할아버지 할머니를 방문합니다.
나는 일주일에 두 번 나의 친구들과 축구합니다.
나는 평소 자는 시간인 밤 10시에 자러 갑니다.

1. 다음을 읽고, 윗글의 내용과

a. I get up at 7 o'clock every day.	T
b. I never play soccer with my friends.	F
c. I usually go to bed at 10 p.m.	T

2. What do I usually do after school?
→ I _____ usually walk in the park _____ after school.

067

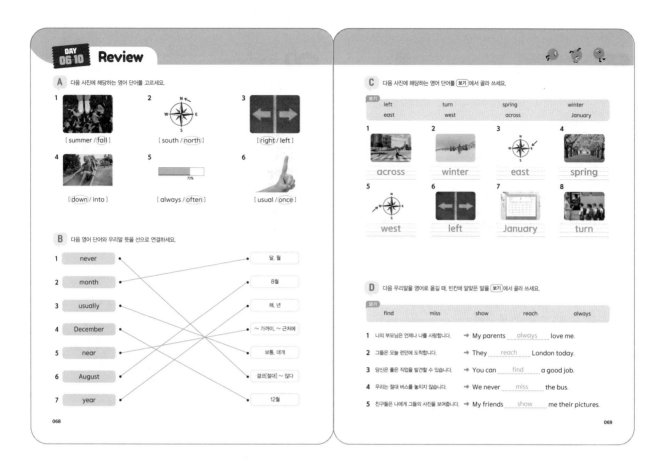

DAY 06-10 Review

A 다음 사진에 해당하는 영어 단어를 고르세요.

1 [summer / fall]

2 [south / north]

3 [right / left]

4 [down / into]

5 70% [always / often]

6 [usual / once]

B 다음 영어 단어와 우리말 뜻을 선으로 연결하세요.

1 never — 달, 월
2 month — 8월
3 usually — 해, 년
4 December — ~ 가까이, ~ 근처에
5 near — 보통, 대개
6 August — 결코[절대] ~ 않다
7 year — 12월

C 다음 사진에 해당하는 영어 단어를 보기 에서 골라 쓰세요.

보기
left   turn   spring   winter
east   west   across   January

1 across

2 winter

3 east

4 spring

5 west

6 left

7 January

8 turn

D 다음 우리말을 영어로 옮길 때, 빈칸에 알맞은 말을 보기 에서 골라 쓰세요.

보기
find   miss   show   reach   always

1 나의 부모님은 언제나 나를 사랑합니다. → My parents _always_ love me.

2 그들은 오늘 런던에 도착합니다. → They _reach_ London today.

3 당신은 좋은 직업을 발견할 수 있습니다. → You can _find_ a good job.

4 우리는 절대 버스를 놓치지 않습니다. → We never _miss_ the bus.

5 친구들은 나에게 그들의 사진을 보여줍니다. → My friends _show_ me their pictures.

068

069

Quick Check

1 time → ~번, 때, 시간 2 once → 한 번 3 almost → 거의 4 twice → 두 번 5 never → 결코[절대] ~ 않다

6 usual → 흔히 하는, 평상시의 7 often → 자주, 흔히 8 usually → 보통, 대개 9 always → 항상, 언제나 10 sometimes → 때때로, 가끔

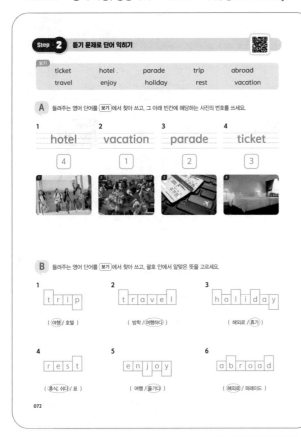

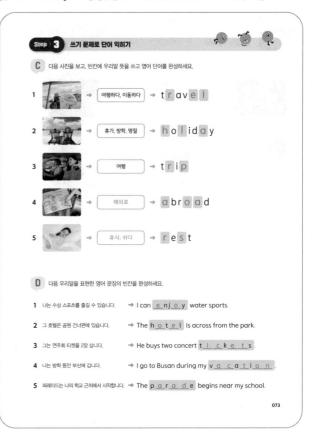

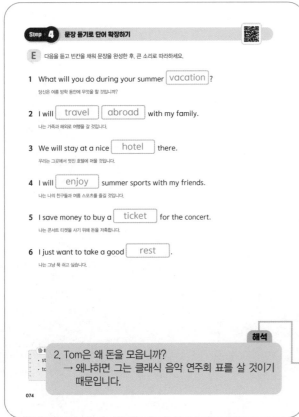

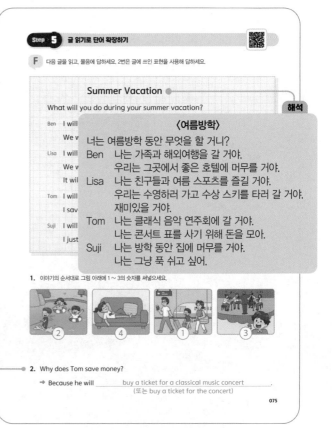

DAY 12

Quick Check

1 trip → 여행 2 rest → 휴식; 쉬다 3 ticket → 티켓, 표 4 hotel → 호텔 5 parade → 퍼레이드

6 holiday → 휴가, 방학, 명절 7 abroad → 해외로 8 vacation → 방학, 휴가 9 enjoy → 즐기다 10 travel → 여행하다, 이동하다

Step 2 듣기 문제로 단어 익히기

보기

| tent | lamp | pool | picnic | firework |
| lake | hike | camp | beach | sunglasses |

A 들려주는 영어 단어를 보기에서 찾아 쓰고, 그 아래 빈칸에 해당하는 사진의 번호를 쓰세요.

1 tent [2]
2 lake [3]
3 beach [4]
4 pool [1]

B 들려주는 영어 단어를 보기에서 찾아 쓰고, 괄호 안에서 알맞은 뜻을 고르세요.

1 lamp (호수 /램프, 등)
2 camp (소풍 /야영지)
3 firework (불꽃놀이 / 텐트)
4 hike (도보여행하다 / 호수)
5 picnic (해변 /소풍)
6 sunglasses (수영장 /선글라스)

078

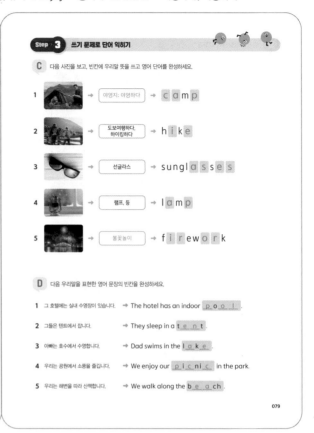

Step 3 쓰기 문제로 단어 익히기

C 다음 사진을 보고, 빈칸에 우리말 뜻을 쓰고 영어 단어를 완성하세요.

1 → 야영지; 야영하다 → camp
2 → 도보여행하다, 하이킹하다 → hike
3 → 선글라스 → sunglasses
4 → 램프, 등 → lamp
5 → 불꽃놀이 → firework

D 다음 우리말을 표현한 영어 문장의 빈칸을 완성하세요.

1 그 호텔에는 실내 수영장이 있습니다. → The hotel has an indoor pool.
2 그들은 텐트에서 잡니다. → They sleep in a tent.
3 아빠는 호수에서 수영합니다. → Dad swims in the lake.
4 우리는 공원에서 소풍을 즐깁니다. → We enjoy our picnic in the park.
5 우리는 해변을 따라 산책합니다. → We walk along the beach.

079

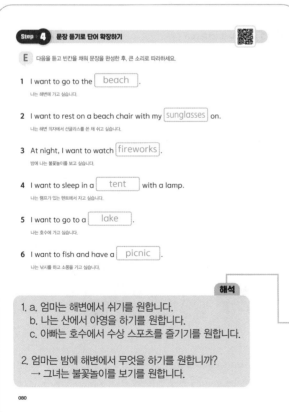

Step 4 문장 듣기로 단어 확장하기

E 다음을 듣고 빈칸을 채워 문장을 완성한 후, 큰 소리로 따라하세요.

1 I want to go to the [beach].
나는 해변에 가고 싶습니다.

2 I want to rest on a beach chair with my [sunglasses] on.
나는 해변 의자에서 선글라스를 쓴 채 쉬고 싶습니다.

3 At night, I want to watch [fireworks].
밤에 나는 불꽃놀이를 보고 싶습니다.

4 I want to sleep in a [tent] with a lamp.
나는 램프가 있는 텐트에서 자고 싶습니다.

5 I want to go to a [lake].
나는 호수에 가고 싶습니다.

6 I want to fish and have a [picnic].
나는 낚시를 하고 소풍을 가고 싶습니다.

해석

1. a. 엄마는 해변에서 쉬기를 원합니다.
   b. 나는 산에서 야영을 하기를 원합니다.
   c. 아빠는 호수에서 수상 스포츠를 즐기기를 원합니다.

2. 엄마는 밤에 해변에서 무엇을 하기를 원합니까?
   → 그녀는 불꽃놀이를 보기를 원합니다.

080

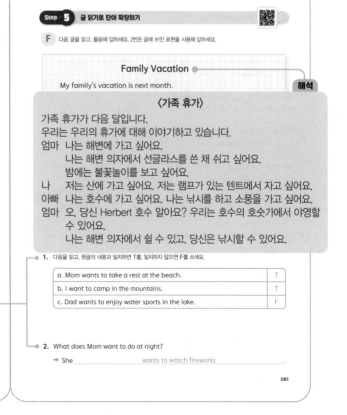

Step 5 글 읽기로 단어 확장하기

F 다음 글을 읽고, 물음에 답하세요. 2번은 글에 쓰인 표현을 사용해 답하세요.

Family Vacation

My family's vacation is next month.

해석

〈가족 휴가〉

가족 휴가가 다음 달입니다.
우리는 우리의 휴가에 대해 이야기하고 있습니다.
엄마 나는 해변에 가고 싶어요.
　　　나는 해변 의자에서 선글라스를 쓴 채 쉬고 싶어요.
　　　밤에는 불꽃놀이를 보고 싶어요.
나　　저는 산에 가고 싶어요. 저는 램프가 있는 텐트에서 자고 싶어요.
아빠 나는 호수에 가고 싶어요. 나는 낚시를 하고 소풍을 가고 싶어요.
엄마 오, 당신 Herbert 호수 알아요? 우리는 호수의 호숫가에서 야영할 수 있어요.
　　　나는 해변 의자에서 쉴 수 있고, 당신은 낚시할 수 있어요.

1. 다음을 읽고, 윗글의 내용과 일치하면 T를, 일치하지 않으면 F를 쓰세요.

a. Mom wants to take a rest at the beach.	T
b. I want to camp in the mountains.	T
c. Dad wants to enjoy water sports in the lake.	F

2. What does Mom want to do at night?
→ She _____ wants to watch fireworks

081

Quick Check

1 hike → 도보여행하다, 하이킹하다 2 camp → 야영지; 야영하다 3 tent → 텐트 4 lake → 호수 5 lamp → 램프, 등
6 firework → 불꽃놀이 7 picnic → 소풍 8 beach → 해변, 바닷가 9 pool → 수영장 10 sunglasses → 선글라스

Step 2 듣기 문제로 단어 익히기

보기
| card | party | event | marry | balloon |
| mask | invite | candy | festival | surprise |

A 들려주는 영어 단어를 보기에서 찾아 쓰고, 그 아래 빈칸에 해당하는 사진의 번호를 쓰세요.

1	2	3	4
mask	party	balloon	candy
2	3	4	1

B 들려주는 영어 단어를 보기에서 찾아 쓰고, 괄호 안에서 알맞은 뜻을 고르세요.

1 card (가면 / 카드)
2 marry (초대하다 / 결혼하다)
3 festival (축제 / 사랑)
4 event (풍선 / 행사)
5 invite (소개하다 / 초대하다)
6 surprise (놀라게 하다 / 웃게 하다)

084

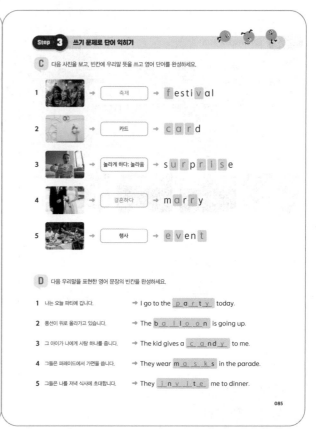

Step 3 쓰기 문제로 단어 익히기

C 다음 사진을 보고, 빈칸에 우리말 뜻을 쓰고 영어 단어를 완성하세요.

1 축제 → f e s t i v a l
2 카드 → c a r d
3 놀라게 하다; 놀라움 → s u r p r i s e
4 결혼하다 → m a r r y
5 행사 → e v e n t

D 다음 우리말을 표현한 영어 문장의 빈칸을 완성하세요.

1 나는 오늘 파티에 갑니다. → I go to the p a r t y today.
2 풍선이 위로 올라가고 있습니다. → The b a l l o o n is going up.
3 그 아이가 나에게 사탕 하나를 줍니다. → The kid gives a c a n d y to me.
4 그들은 퍼레이드에서 가면을 씁니다. → They wear m a s k s in the parade.
5 그들은 나를 저녁 식사에 초대합니다. → They i n v i t e me to dinner.

085

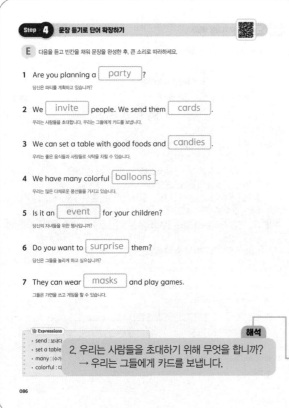

Step 4 문장 듣기로 단어 확장하기

E 다음을 듣고 빈칸을 채워 문장을 완성한 후, 큰 소리로 따라하세요.

1 Are you planning a party ?
당신은 파티를 계획하고 있습니까?

2 We invite people. We send them cards .
우리는 사람들을 초대합니다. 우리는 그들에게 카드를 보냅니다.

3 We can set a table with good foods and candies .
우리는 좋은 음식들과 사탕으로 식탁을 차릴 수 있습니다.

4 We have many colorful balloons .
우리는 많은 다채로운 풍선들을 가지고 있습니다.

5 Is it an event for your children?
당신의 자녀들을 위한 행사입니까?

6 Do you want to surprise them?
당신은 그들을 놀라게 하고 싶으십니까?

7 They can wear masks and play games.
그들은 가면을 쓰고 게임을 할 수 있습니다.

Expressions
· send : 보내다
· set a table
· many : (수가
· colorful : 다

해석
2. 우리는 사람들을 초대하기 위해 무엇을 합니까?
→ 우리는 그들에게 카드를 보냅니다.

086

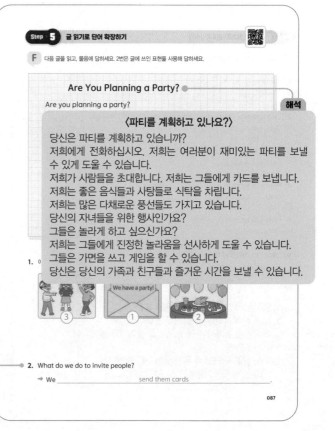

Step 5 글 읽기로 단어 확장하기

F 다음 글을 읽고, 물음에 답하세요. 2번은 글에 쓰인 표현을 사용해 답하세요.

Are You Planning a Party?

Are you planning a party?

해석

〈파티를 계획하고 있나요?〉
당신은 파티를 계획하고 있습니까?
저희에게 전화하십시오. 저희는 여러분이 재미있는 파티를 보낼 수 있게 도울 수 있습니다.
저희가 사람들을 초대합니다. 저희는 그들에게 카드를 보냅니다.
저희는 좋은 음식들과 사탕들로 식탁을 차립니다.
저희는 많은 다채로운 풍선들도 가지고 있습니다.
당신의 자녀들을 위한 행사인가요?
그들은 놀라게 하고 싶으신가요?
저희는 그들에게 진정한 놀라움을 선사하게 도울 수 있습니다.
그들은 가면을 쓰고 게임을 할 수 있습니다.
당신은 당신의 가족과 친구들과 즐거운 시간을 보낼 수 있습니다.

1.

3 We have a party! 1 2

2. What do we do to invite people?
→ We _____ send them cards

087

DAY 14

Step 2 듣기 문제로 단어 익히기

보기
| host | gift | wedding | recreation | congratulate |
| snack | hug | tea | graduate | handshake |

A 들려주는 영어 단어를 보기 에서 찾아 쓰고, 그 아래 빈칸에 해당하는 사진의 번호를 쓰세요.

1 gift 3
2 handshake 4
3 graduate 1
4 hug 2

B 들려주는 영어 단어를 보기 에서 찾아 쓰고, 괄호 안에서 알맞은 뜻을 고르세요.

1 t e a (깨안다 / 차)
2 s n a c k (간식 / 선물)
3 r e c r e a t i o n (악수 / 오락)
4 h o s t (주인 / 선물)
5 w e d d i n g (결혼식 / 악수)
6 c o n g r a t u l a t e (졸업하다 / 축하하다)

090

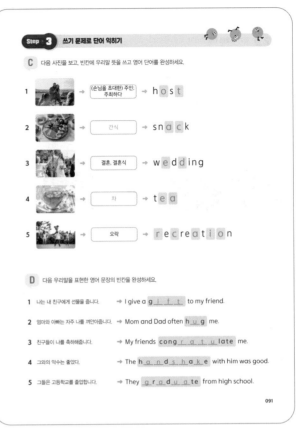

Step 3 쓰기 문제로 단어 익히기

C 다음 사진을 보고, 빈칸에 우리말 뜻을 쓰고 영어 단어를 완성하세요.

1 → (손님을 초대한) 주인; 주최하다 → h o s t
2 → 간식 → sn a c k
3 → 결혼, 결혼식 → w e d d i n g
4 → 차 → t e a
5 → 오락 → r e c r e a t i o n

D 다음 우리말을 표현한 영어 문장의 빈칸을 완성하세요.

1 나는 내 친구에게 선물을 줍니다. → I give a g i f t to my friend.
2 엄마와 아빠는 자주 나를 껴안습니다. → Mom and Dad often h u g me.
3 친구들이 나를 축하해줍니다. → My friends cong r a t u late me.
4 그와의 악수는 좋았다. → The h a n d s h a k e with him was good.
5 그들은 고등학교를 졸업합니다. → They g r a d u a te from high school.

091

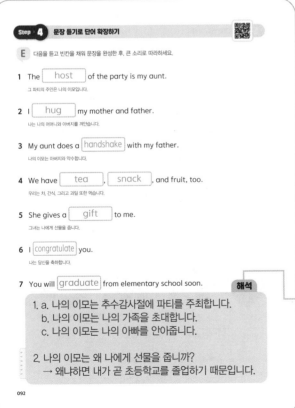

Step 4 문장 듣기로 단어 확장하기

E 다음을 듣고 빈칸을 채워 문장을 완성한 후, 큰 소리로 따라하세요.

1 The [host] of the party is my aunt.
그 파티의 주인은 나의 이모입니다.

2 I [hug] my mother and father.
나는 나의 어머니와 아버지를 껴안습니다.

3 My aunt does a [handshake] with my father.
나의 이모는 아버지와 악수합니다.

4 We have [tea], [snack], and fruit, too.
우리는 차, 간식, 그리고 과일 또한 먹습니다.

5 She gives a [gift] to me.
그녀는 나에게 선물을 줍니다.

6 I [congratulate] you.
나는 당신을 축하합니다.

7 You will [graduate] from elementary school soon.
너는 곧 초등학교를 졸업하게 될 거야.

해석

1. a. 나의 이모는 추수감사절에 파티를 주최합니다.
   b. 나의 이모는 나의 가족을 초대합니다.
   c. 나의 이모는 나의 아빠를 안아줍니다.

2. 나의 이모는 왜 나에게 선물을 줍니까?
   → 왜냐하면 내가 곧 초등학교를 졸업하기 때문입니다.

092

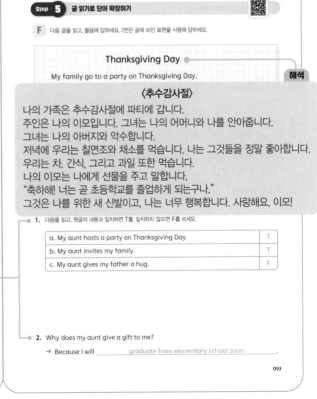

Step 5 글 읽기로 단어 확장하기

F 다음 글을 읽고, 물음에 답하세요. 2번은 글에 쓰인 표현을 사용해 답하세요.

Thanksgiving Day

My family go to a party on Thanksgiving Day.

해석

〈추수감사절〉
나의 가족은 추수감사절에 파티에 갑니다.
주인은 나의 이모입니다. 그녀는 나의 어머니와 나를 안아줍니다.
그녀는 나의 아버지와 악수합니다.
저녁에 우리는 칠면조와 채소를 먹습니다. 나는 그것들을 정말 좋아합니다.
우리는 차, 간식, 그리고 과일 또한 먹습니다.
나의 이모는 나에게 선물을 주고 말합니다.
"축하해! 너는 곧 초등학교를 졸업하게 되는구나."
그것은 나를 위한 새 신발이고, 나는 너무 행복합니다. 사랑해요, 이모!

1. 다음을 읽고, 윗글의 내용과 일치하면 T를, 일치하지 않으면 F를 쓰세요.

a. My aunt hosts a party on Thanksgiving Day.	T
b. My aunt invites my family.	T
c. My aunt gives my father a hug.	F

2. Why does my aunt give a gift to me?
→ Because I will __graduate from elementary school soon__.

093

DAY 15

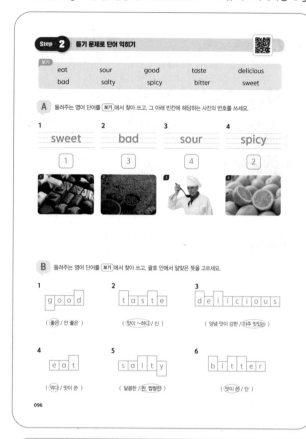

Step 2 듣기 문제로 단어 익히기

보기

| eat | sour | good | taste | delicious |
| bad | salty | spicy | bitter | sweet |

A 들려주는 영어 단어를 보기 에서 찾아 쓰고, 그 아래 빈칸에 해당하는 사진의 번호를 쓰세요.

1 sweet 【1】
2 bad 【3】
3 sour 【4】
4 spicy 【2】

B 들려주는 영어 단어를 보기 에서 찾아 쓰고, 괄호 안에서 알맞은 뜻을 고르세요.

1 g o o d (좋은 / 안 좋은)
2 t a s t e (맛이 ~하다 / 신)
3 d e l i c i o u s (양념 맛이 강한 / 아주 맛있는)
4 e a t (먹다 / 맛이 쓴)
5 s a l t y (달콤한 / 짠, 짭짤한)
6 b i t t e r (맛이 쓴 / 단)

096

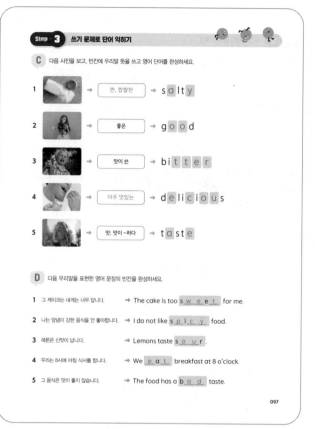

Step 3 쓰기 문제로 단어 익히기

C 다음 사진을 보고, 빈칸에 우리말 뜻을 쓰고 영어 단어를 완성하세요.

1 → 짠, 짭짤한 → s a l t y
2 → 좋은 → g o o d
3 → 맛이 쓴 → b i t t e r
4 → 아주 맛있는 → d e l i c i o u s
5 → 맛; 맛이 ~하다 → t a s t e

D 다음 우리말을 표현한 영어 문장의 빈칸을 완성하세요.

1 그 케이크는 내게는 너무 답니다. → The cake is too s w e e t for me.
2 나는 양념이 강한 음식을 안 좋아합니다. → I do not like s p i c y food.
3 레몬은 신맛이 납니다. → Lemons taste s o u r .
4 우리는 8시에 아침 식사를 합니다. → We e a t breakfast at 8 o'clock.
5 그 음식은 맛이 좋지 않습니다. → The food has a b a d taste.

097

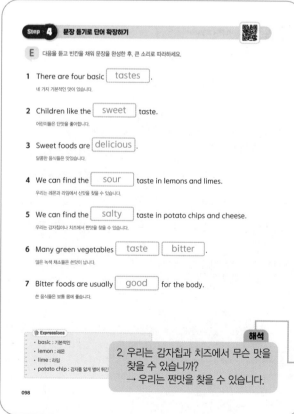

Step 4 문장 듣기로 단어 확장하기

E 다음을 듣고 빈칸을 채워 문장을 완성한 후, 큰 소리로 따라하세요.

1 There are four basic tastes .
네 가지 기본적인 맛이 있습니다.

2 Children like the sweet taste.
어린이들은 단맛을 좋아합니다.

3 Sweet foods are delicious .
달콤한 음식들은 맛있습니다.

4 We can find the sour taste in lemons and limes.
우리는 레몬과 라임에서 신맛을 찾을 수 있습니다.

5 We can find the salty taste in potato chips and cheese.
우리는 감자칩이나 치즈에서 짠맛을 찾을 수 있습니다.

6 Many green vegetables taste   bitter .
많은 녹색 채소들은 쓴맛이 납니다.

7 Bitter foods are usually good for the body.
쓴 음식들은 보통 몸에 좋습니다.

Expressions
- basic : 기본적인
- lemon : 레몬
- lime : 라임
- potato chip : 감자를 얇게 썰어 튀긴 것

해석

2. 우리는 감자칩과 치즈에서 무슨 맛을 찾을 수 있습니까?
→ 우리는 짠맛을 찾을 수 있습니다.

098

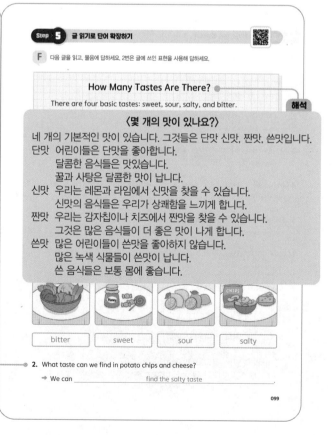

Step 5 글 읽기로 단어 확장하기

F 다음 글을 읽고, 물음에 답하세요. 2번은 글에 쓰인 표현을 사용해 답하세요.

How Many Tastes Are There?

There are four basic tastes: sweet, sour, salty, and bitter.

해석

〈몇 개의 맛이 있나요?〉
네 개의 기본적인 맛이 있습니다. 그것들은 단맛 신맛, 짠맛, 쓴맛입니다.
단맛 어린이들은 단맛을 좋아합니다.
달콤한 음식들은 맛있습니다.
꿀과 사탕은 달콤한 맛이 납니다.
신맛 우리는 레몬과 라임에서 신맛을 찾을 수 있습니다.
신맛의 음식들은 우리가 상쾌함을 느끼게 합니다.
짠맛 우리는 감자칩이나 치즈에서 짠맛을 찾을 수 있습니다.
그것은 많은 음식들이 더 좋은 맛이 나게 합니다.
쓴맛 많은 어린이들이 쓴맛을 좋아하지 않습니다.
많은 녹색 식물들이 쓴맛이 납니다.
쓴 음식들은 보통 몸에 좋습니다.

| bitter | sweet | sour | salty |

2. What taste can we find in potato chips and cheese?
→ We can ＿＿＿＿＿ find the salty taste

099

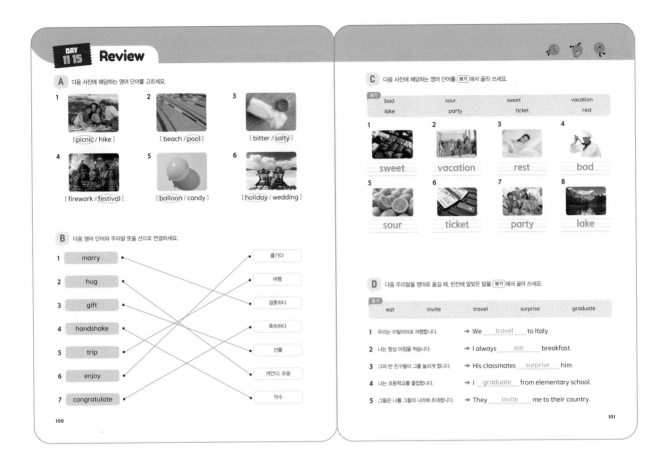

A 다음 사진에 해당하는 영어 단어를 고르세요.

1 [picnic / hike]

2 [beach / pool]

3 [bitter / salty]

4 [firework / festival]

5 [balloon / candy]

6 [holiday / wedding]

B 다음 영어 단어와 우리말 뜻을 선으로 연결하세요.

1 marry · · 즐기다

2 hug · · 여행

3 gift · · 결혼하다

4 handshake · · 축하하다

5 trip · · 선물

6 enjoy · · 껴안다; 포옹

7 congratulate · · 악수

C 다음 사진에 해당하는 영어 단어를 보기 에서 골라 쓰세요.

보기

| bad | sour | sweet | vacation |
| lake | party | ticket | rest |

1 sweet

2 vacation

3 rest

4 bad

5 sour

6 ticket

7 party

8 lake

D 다음 우리말을 영어로 옮길 때, 빈칸에 알맞은 말을 보기 에서 골라 쓰세요.

보기

| eat | invite | travel | surprise | graduate |

1 우리는 이탈리아로 여행합니다. → We ___travel___ to Italy.

2 나는 항상 아침을 먹습니다. → I always ___eat___ breakfast.

3 그의 반 친구들이 그를 놀라게 합니다. → His classmates ___surprise___ him.

4 나는 초등학교를 졸업합니다. → I ___graduate___ from elementary school.

5 그들은 나를 그들의 나라에 초대합니다. → They ___invite___ me to their country.

100

101

Quick Check

1 eat → 먹다 2 good → 좋은 3 bad → 안 좋은 4 sour → 신, 시큼한 5 bitter → 맛이 쓴

6 sweet → 달콤한, 단 7 salty → 짠, 짭짤한 8 spicy → 양념 맛이 강한 9 taste → 맛; 맛이 ~하다 10 delicious → 아주 맛있는

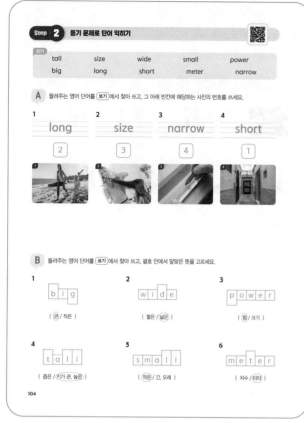

Step 2 듣기 문제로 단어 익히기

보기

| tall | size | wide | small | power |
| big | long | short | meter | narrow |

A 들려주는 영어 단어를 보기 에서 찾아 쓰고, 그 아래 빈칸에 해당하는 사진의 번호를 쓰세요.

| 1 long | 2 size | 3 narrow | 4 short |
| [2] | [3] | [4] | [1] |

B 들려주는 영어 단어를 보기 에서 찾아 쓰고, 괄호 안에서 알맞은 뜻을 고르세요.

1 b i g
(큰 / 작은)

2 w i d e
(짧은 / 넓은)

3 p o w e r
(힘 / 크기)

4 t a l l
(좁은 / 키가 큰, 높은)

5 s m a l l
(작은 / 긴, 오래)

6 m e t e r
(치수 / 미터)

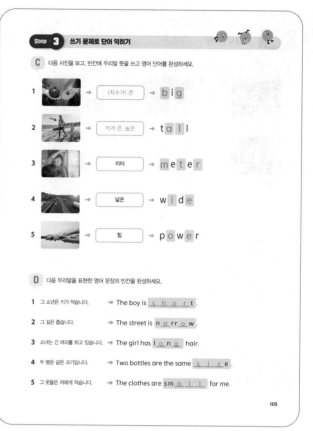

Step 3 쓰기 문제로 단어 익히기

C 다음 사진을 보고, 빈칸에 우리말 뜻을 쓰고 영어 단어를 완성하세요.

1 (치수가) 큰 → b i g

2 키가 큰, 높은 → t a l l

3 미터 → m e t e r

4 넓은 → w i d e

5 힘 → p o w e r

D 다음 우리말을 표현한 영어 문장의 빈칸을 완성하세요.

1 그 소년은 키가 작습니다. → The boy is s h o r t.

2 그 길은 좁습니다. → The street is n a r r o w.

3 소녀는 긴 머리를 하고 있습니다. → The girl has l o n g hair.

4 두 병은 같은 크기입니다. → Two bottles are the same s i z e.

5 그 옷들은 저에게 작습니다. → The clothes are sm a l l for me.

104   105

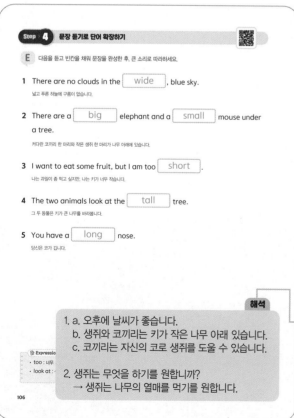

Step 4 문장 듣기로 단어 확장하기

E 다음을 듣고 빈칸을 채워 문장을 완성한 후, 큰 소리로 따라하세요.

1 There are no clouds in the [wide], blue sky.
넓고 푸른 하늘에 구름이 없습니다.

2 There are a [big] elephant and a [small] mouse under a tree.
커다란 코끼리 한 마리와 작은 생쥐 한 마리가 나무 아래에 있습니다.

3 I want to eat some fruit, but I am too [short].
나는 과일이 좀 먹고 싶지만, 나는 키가 너무 작습니다.

4 The two animals look at the [tall] tree.
그 두 동물은 키가 큰 나무를 바라봅니다.

5 You have a [long] nose.
당신은 코가 깁니다.

Expression
· too : 너무
· look at : ~을 바라보다

해석

1. a. 오후에 날씨가 좋습니다.
b. 생쥐와 코끼리는 키가 작은 나무 아래 있습니다.
c. 코끼리는 자신의 코로 생쥐를 도울 수 있습니다.

2. 생쥐는 무엇을 하기를 원합니까?
→ 생쥐는 나무의 열매를 먹기를 원합니다.

106

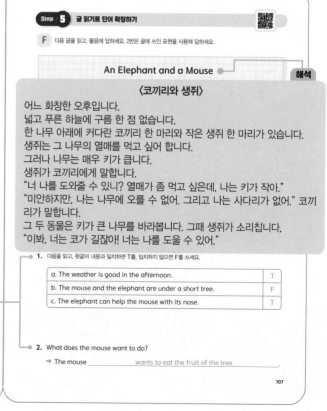

Step 5 글 읽기로 단어 확장하기

F 다음 글을 읽고, 물음에 답하세요. 2번은 글에 쓰인 표현을 사용해 답하세요.

An Elephant and a Mouse

해석

〈코끼리와 생쥐〉

어느 화창한 오후입니다.
넓고 푸른 하늘에 구름 한 점 없습니다.
한 나무 아래에 커다란 코끼리 한 마리와 작은 생쥐 한 마리가 있습니다.
생쥐는 그 나무의 열매를 먹고 싶어 합니다.
그러나 나무는 매우 키가 큽니다.
생쥐가 코끼리에게 말합니다.
"너 나를 도와줄 수 있니? 열매가 좀 먹고 싶은데, 나는 키가 작아."
"미안하지만, 나는 나무에 오를 수 없어. 그리고 나는 사다리가 없어." 코끼리가 말합니다.
그 두 동물은 키가 큰 나무를 바라봅니다. 그때 생쥐가 소리칩니다.
"이봐, 너는 코가 길잖아! 너는 나를 도울 수 있어."

1. 다음을 읽고, 윗글의 내용과 일치하면 T를, 일치하지 않으면 F를 쓰세요.

a. The weather is good in the afternoon.	T
b. The mouse and the elephant are under a short tree.	F
c. The elephant can help the mouse with its nose.	T

2. What does the mouse want to do?
→ The mouse _____ wants to eat the fruit of the tree _____.

107

DAY 17

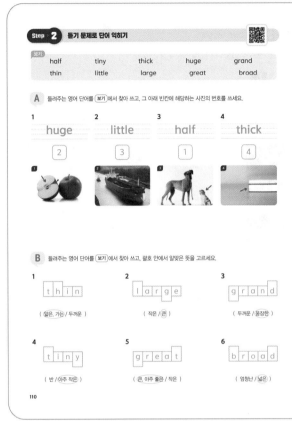

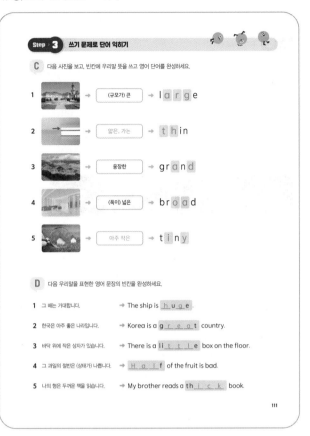

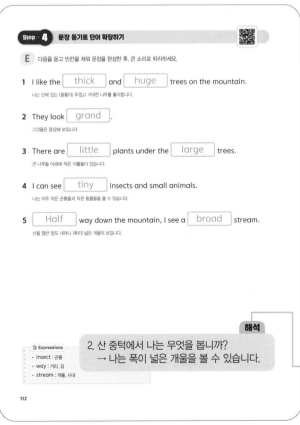

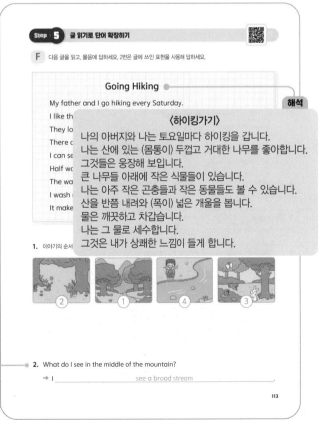

정답 및 해석 **53**

Quick Check

1 tiny → 아주 작은 2 huge → (크기가) 엄청난, 거대한 3 great → (보통 이상으로) 큰, 아주 큰 4 thin → 얇은, 가는 5 large → (규모가) 큰
6 little → (크기·규모가) 큰 7 thick → 두꺼운 8 half → 반, 절반 9 broad → (폭이) 넓은 10 grand → 웅장한

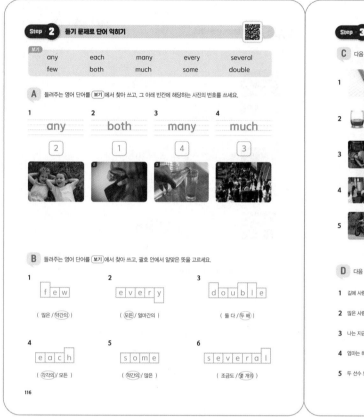

Step 2 듣기 문제로 단어 익히기

보기

| any | each | many | every | several |
| few | both | much | some | double |

A 들려주는 영어 단어를 보기에서 찾아 쓰고, 그 아래 빈칸에 해당하는 사진의 번호를 쓰세요.

1 any 2 both 3 many 4 much

2 1 4 3

B 들려주는 영어 단어를 보기에서 찾아 쓰고, 괄호 안에서 알맞은 뜻을 고르세요.

1 few (많은 / (약간의))
2 every ((모든) / 얼마간의)
3 double (둘 다 / (두 배))
4 each (각각의 / 모든)
5 some ((약간의) / 많은)
6 several (조금도 / (몇 개의))

116

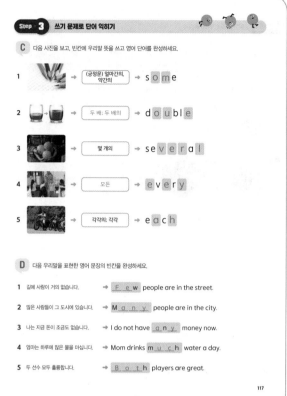

Step 3 쓰기 문제로 단어 익히기

C 다음 사진을 보고, 빈칸에 우리말 뜻을 쓰고 영어 단어를 완성하세요.

1 (긍정문) 얼마간의, 약간의 → s o m e
2 두 배; 두 배의 → d o u b l e
3 몇 개의 → s e v e r a l
4 모든 → e v e r y
5 각각의; 각각 → e a c h

D 다음 우리말을 표현한 영어 문장의 빈칸을 완성하세요.

1 길에 사람이 거의 없습니다. → F e w people are in the street.
2 많은 사람들이 그 도시에 있습니다. → M a n y people are in the city.
3 나는 지금 돈이 조금도 없습니다. → I do not have a n y money now.
4 엄마는 하루에 많은 물을 마십니다. → Mom drinks m u c h water a day.
5 두 선수 모두 훌륭합니다. → B o t h players are great.

117

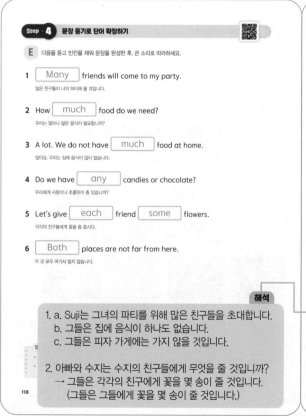

Step 4 문장 듣기로 단어 확장하기

E 다음을 듣고 빈칸을 채워 문장을 완성한 후, 큰 소리로 따라하세요.

1 Many friends will come to my party.
많은 친구들이 나의 파티에 올 것입니다.

2 How much food do we need?
우리는 얼마나 많은 음식이 필요합니까?

3 A lot. We do not have much food at home.
많아요. 우리는 집에 음식이 많이 없습니다.

4 Do we have any candies or chocolate?
우리에게 사탕이나 초콜릿이 좀 있습니까?

5 Let's give each friend some flowers.
각각의 친구들에게 꽃을 좀 줍시다.

6 Both places are not far from here.
두 곳 모두 여기서 멀지 않습니다.

해석

1. a. Suji는 그녀의 파티를 위해 많은 친구들을 초대합니다.
   b. 그들은 집에 음식이 하나도 없습니다.
   c. 그들은 피자 가게에는 가지 않을 것입니다.

2. 아빠와 수지는 수지의 친구들에게 무엇을 줄 것입니까?
   → 그들은 각각의 친구에게 꽃을 몇 송이 줄 것입니다.
   (그들은 그들에게 꽃을 몇 송이 줄 것입니다.)

118

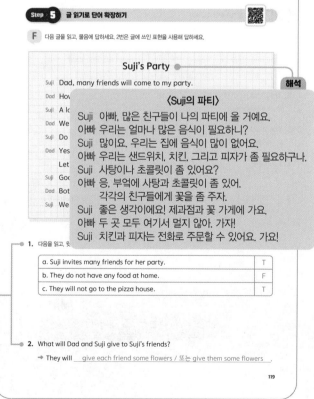

Step 5 글 읽기로 단어 확장하기

F 다음 글을 읽고, 물음에 답하세요. 2번은 글에 쓰인 표현을 사용해 답하세요.

Suji's Party

Suji Dad, many friends will come to my party.
Dad How
Suji A lo
Dad We
Suji Do
Dad Yes
     Let'
Suji Goo
Dad Bot
Suji We

해석

〈Suji의 파티〉

Suji 아빠, 많은 친구들이 나의 파티에 올 거예요.
아빠 우리는 얼마나 많은 음식이 필요하니?
Suji 많이요. 우리는 집에 음식이 많이 없어요.
아빠 우리는 샌드위치, 치킨, 그리고 피자가 좀 필요하구나.
Suji 사탕이나 초콜릿이 좀 있어요?
아빠 응, 부엌에 사탕과 초콜릿이 좀 있어.
     각각의 친구들에게 꽃을 좀 주자.
Suji 좋은 생각이에요! 제과점과 꽃 가게에 가요.
아빠 두 곳 모두 여기서 멀지 않아. 가자!
Suji 치킨과 피자는 전화로 주문할 수 있어요. 가요!

1. 다음을 읽고, 옳

a. Suji invites many friends for her party.	T
b. They do not have any food at home.	F
c. They will not go to the pizza house.	T

2. What will Dad and Suji give to Suji's friends?
   → They will give each friend some flowers / 또는 give them some flowers .

119

DAY 19

Quick Check
1 any → 얼마간의, 조금도, 아무도 2 some → 얼마간의, 약간의 3 few → 약간의, 거의 없는 4 both → 둘 다; 둘 다의 5 every → 모든
6 double → 두 배; 두 배의 7 much → 많은; 많이 8 several → 몇 개의 9 many → 많은; 많은 사람들 10 each → 각각의; 각각

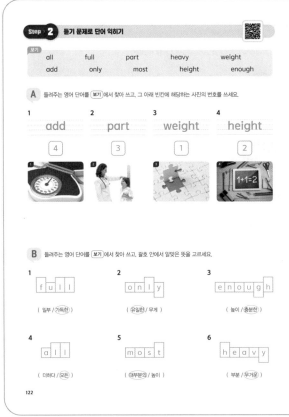

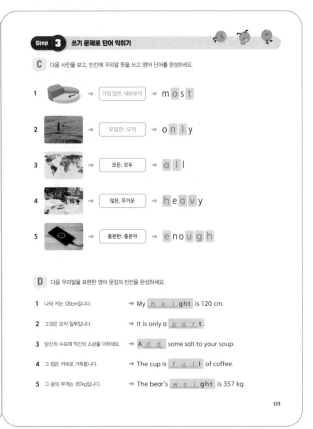

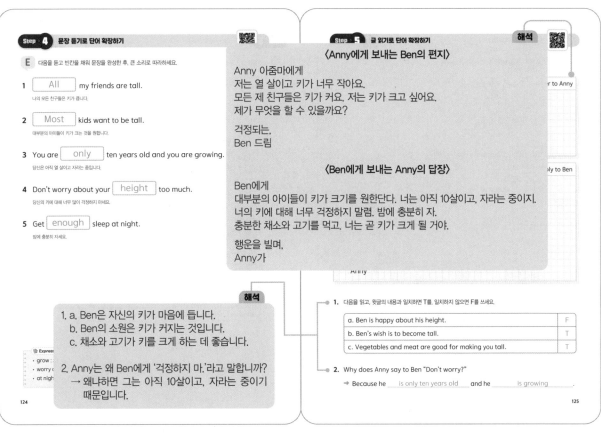

정답 및 해석 **55**

Quick Check

1 all → 모든; 모두 2 part → 일부, 약간, 부분 3 full → 가득한, 아주 많은 4 most → 가장 많은, 대부분의 5 only → 유일한; 오직

6 add → 더하다 7 heavy → (양이 보통보다) 많은, 무거운 8 height → 높이, 키 9 weight → 무게 10 enough → 충분한; 충분히

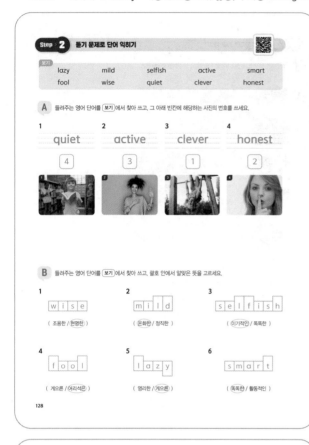

Step 2 듣기 문제로 단어 익히기

보기

| lazy | mild | selfish | active | smart |
| fool | wise | quiet | clever | honest |

A 들려주는 영어 단어를 보기 에서 찾아 쓰고, 그 아래 빈칸에 해당하는 사진의 번호를 쓰세요.

1	2	3	4
quiet	active	clever	honest
4	3	1	2

B 들려주는 영어 단어를 보기 에서 찾아 쓰고, 괄호 안에서 알맞은 뜻을 고르세요.

1 w i s e
(조용한 / 현명한)

2 m i l d
(온화한 / 정직한)

3 s e l f i s h
(이기적인 / 똑똑한)

4 f o o l
(게으른 / 어리석은)

5 l a z y
(영리한 / 게으른)

6 s m a r t
(똑똑한 / 활동적인)

128

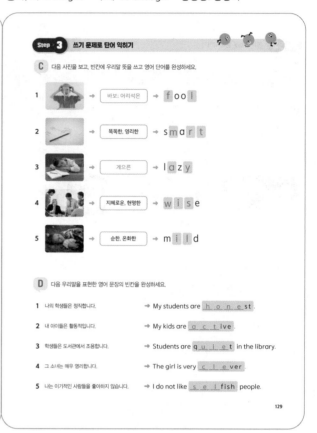

Step 3 쓰기 문제로 단어 익히기

C 다음 사진을 보고, 빈칸에 우리말 뜻을 쓰고 영어 단어를 완성하세요.

1 → 바보; 어리석은 → f o o l

2 → 똑똑한, 영리한 → s m a r t

3 → 게으른 → l a z y

4 → 지혜로운, 현명한 → w i s e

5 → 순한, 온화한 → m i l d

D 다음 우리말을 표현한 영어 문장의 빈칸을 완성하세요.

1 나의 학생들은 정직합니다. → My students are h o n e s t .

2 내 아이들은 활동적입니다. → My kids are a c t i v e .

3 학생들은 도서관에서 조용합니다. → Students are q u i e t in the library.

4 그 소녀는 매우 영리합니다. → The girl is very c l e v er .

5 나는 이기적인 사람들을 좋아하지 않습니다. → I do not like s e l f i s h people.

129

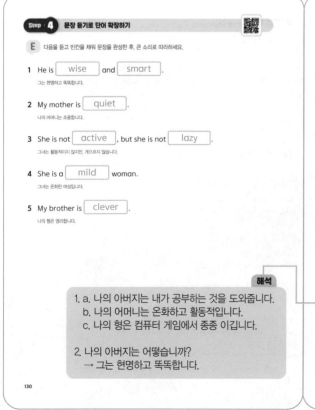

Step 4 문장 듣기로 단어 확장하기

E 다음을 듣고 빈칸을 채워 문장을 완성한 후, 큰 소리로 따라하세요.

1 He is wise and smart .
그는 현명하고 똑똑합니다.

2 My mother is quiet .
나의 어머니는 조용합니다.

3 She is not active , but she is not lazy .
그녀는 활동적이지 않지만, 게으르지 않습니다.

4 She is a mild woman.
그녀는 온화한 여성입니다.

5 My brother is clever .
나의 형은 영리합니다.

해석

1. a. 나의 아버지는 내가 공부하는 것을 도와줍니다.
   b. 나의 어머니는 온화하고 활동적입니다.
   c. 나의 형은 컴퓨터 게임에서 종종 이깁니다.

2. 나의 아버지는 어떻습니까?
   → 그는 현명하고 똑똑합니다.

130

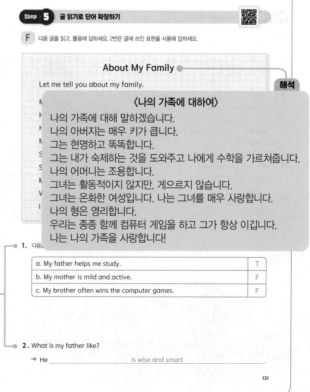

Step 5 글 읽기로 단어 확장하기

F 다음 글을 읽고, 물음에 답하세요. 2번은 글에 쓰인 표현을 사용해 답하세요.

About My Family

Let me tell you about my family.

해석

〈나의 가족에 대하여〉
나의 가족에 대해 말하겠습니다.
나의 아버지는 매우 키가 큽니다.
그는 현명하고 똑똑합니다.
그는 내가 숙제하는 것을 도와주고 나에게 수학을 가르쳐줍니다.
나의 어머니는 조용합니다.
그녀는 활동적이지 않지만, 게으르지 않습니다.
그녀는 온화한 여성입니다. 나는 그녀를 매우 사랑합니다.
나의 형은 영리합니다.
우리는 종종 함께 컴퓨터 게임을 하고 그가 항상 이깁니다.
나는 나의 가족을 사랑합니다!

1. 다음

a. My father helps me study.	T
b. My mother is mild and active.	F
c. My brother often wins the computer games.	F

2. What is my father like?
→ He _____ is wise and smart _____

131

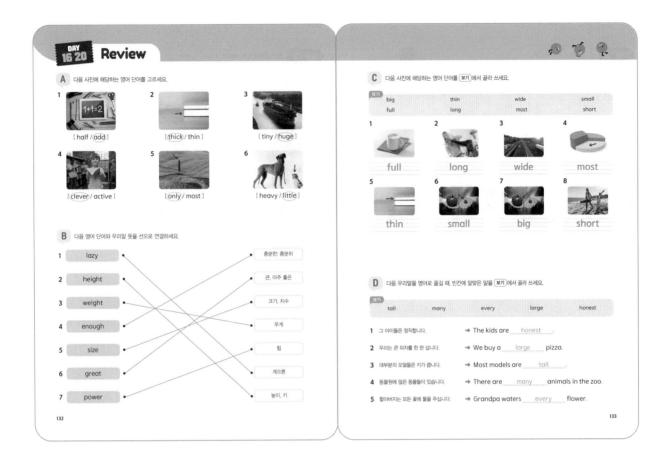

A 다음 사진에 해당하는 영어 단어를 고르세요.

1 [half / add]
2 [thick / thin]
3 [tiny / huge]
4 [clever / active]
5 [only / most]
6 [heavy / little]

B 다음 영어 단어와 우리말 뜻을 선으로 연결하세요.

1 lazy
2 height
3 weight
4 enough
5 size
6 great
7 power

충분한; 충분히
큰, 아주 좋은
크기, 치수
무게
힘
게으른
높이, 키

C 다음 사진에 해당하는 영어 단어를 보기에서 골라 쓰세요.

보기
| big | thin | wide | small |
| full | long | most | short |

1 full
2 long
3 wide
4 most
5 thin
6 small
7 big
8 short

D 다음 우리말을 영어로 옮길 때, 빈칸에 알맞은 말을 보기에서 골라 쓰세요.

보기
| tall | many | every | large | honest |

1 그 아이들은 정직합니다. → The kids are ___honest___.
2 우리는 큰 피자를 한 판 삽니다. → We buy a ___large___ pizza.
3 대부분의 모델들은 키가 큽니다. → Most models are ___tall___.
4 동물원에 많은 동물들이 있습니다. → There are ___many___ animals in the zoo.
5 할아버지는 모든 꽃에 물을 주십니다. → Grandpa waters ___every___ flower.

132

133

Quick Check

1 smart → 영리한, 똑똑한 2 mild → 순한, 온화한 3 fool → 바보; 어리석은 4 quiet → 말이 별로 없는, 조용한 5 clever → 영리한, 똑똑한
6 active → 활동적인, 적극적인 7 wise → 지혜로운, 현명한 8 honest → 정직한 9 lazy → 게으른 10 selfish → 이기적인

Step 2 듣기 문제로 단어 익히기

보기

| cute | than | pretty | elegant | charming |
| ugly | lovely | beauty | beautiful | handsome |

A 들려주는 영어 단어를 보기에서 찾아 쓰고, 그 아래 빈칸에 해당하는 사진의 번호를 쓰세요.

1 elegant 〔2〕
2 pretty 〔3〕
3 cute 〔4〕
4 handsome 〔1〕

B 들려주는 영어 단어를 보기에서 찾아 쓰고, 괄호 안에서 알맞은 뜻을 고르세요.

1 t h a n (~보다 / 우아한)
2 b e a u t y (귀여운 / 아름다움)
3 c h a r m i n g (매력적인 / 못생긴)
4 u g l y (못생긴 / 귀여운)
5 l o v e l y (사랑스러운 / 배)
6 b e a u t i f u l (잘생긴 / 아름다운)

136

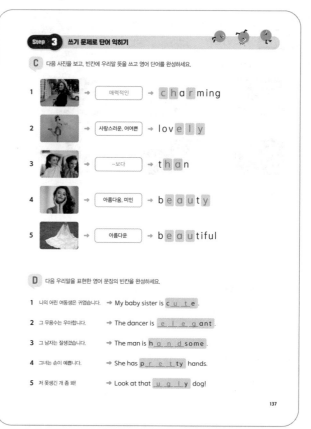

Step 3 쓰기 문제로 단어 익히기

C 다음 사진을 보고, 빈칸에 우리말 뜻을 쓰고 영어 단어를 완성하세요.

1 [매력적인] → c h a r m i n g
2 [사랑스러운, 어여쁜] → l o v e l y
3 [~보다] → t h a n
4 [아름다움, 미인] → b e a u t y
5 [아름다운] → b e a u t i f u l

D 다음 우리말을 표현한 영어 문장의 빈칸을 완성하세요.

1 나의 어린 여동생은 귀엽습니다. → My baby sister is c u t e .
2 그 무용수는 우아합니다. → The dancer is e l e g a n t .
3 그 남자는 잘생겼습니다. → The man is h a n d s o m e .
4 그녀는 손이 예쁩니다. → She has p r e t t y hands.
5 저 못생긴 개 좀 봐! → Look at that u g l y dog!

137

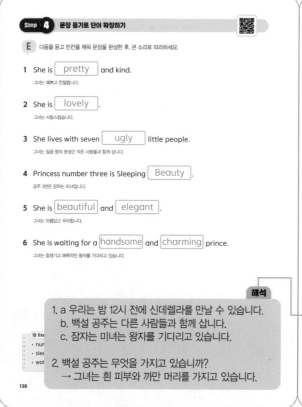

Step 4 문장 듣기로 단어 확장하기

E 다음을 듣고 빈칸을 채워 문장을 완성한 후, 큰 소리로 따라하세요.

1 She is [pretty] and kind.
그녀는 예쁘고 친절합니다.

2 She is [lovely].
그녀는 사랑스럽습니다.

3 She lives with seven [ugly] little people.
그녀는 일곱 명의 못생긴 작은 사람들과 함께 삽니다.

4 Princess number three is Sleeping [Beauty].
공주 3번은 잠자는 미녀입니다.

5 She is [beautiful] and [elegant].
그녀는 아름답고 우아합니다.

6 She is waiting for a [handsome] and [charming] prince.
그녀는 잘생기고 매력적인 왕자를 기다리고 있습니다.

해석

1. a 우리는 밤 12시 전에 신데렐라를 만날 수 있습니다.
   b. 백설 공주는 다른 사람들과 함께 삽니다.
   c. 잠자는 미녀는 왕자를 기다리고 있습니다.

2. 백설 공주는 무엇을 가지고 있습니까?
   → 그녀는 흰 피부와 까만 머리를 가지고 있습니다.

138

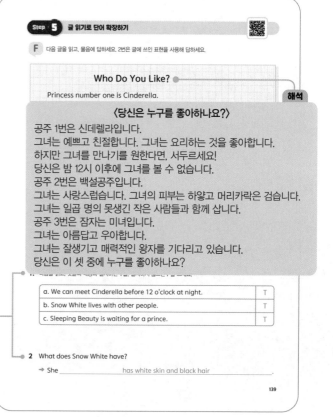

Step 5 글 읽기로 단어 확장하기

F 다음 글을 읽고, 물음에 답하세요. 2번은 글에 쓰인 표현을 사용해 답하세요.

Who Do You Like?

Princess number one is Cinderella.

해석

〈당신은 누구를 좋아하나요?〉
공주 1번은 신데렐라입니다.
그녀는 예쁘고 친절합니다. 그녀는 요리하는 것을 좋아합니다.
하지만 그녀를 만나기를 원한다면, 서두르세요!
당신은 밤 12시 이후에 그녀를 볼 수 없습니다.
공주 2번은 백설공주입니다.
그녀는 사랑스럽습니다. 그녀의 피부는 하얗고 머리카락은 검습니다.
그녀는 일곱 명의 못생긴 작은 사람들과 함께 삽니다.
공주 3번은 잠자는 미녀입니다.
그녀는 아름답고 우아합니다.
그녀는 잘생기고 매력적인 왕자를 기다리고 있습니다.
당신은 이 셋 중에 누구를 좋아하나요?

a. We can meet Cinderella before 12 o'clock at night.	T
b. Snow White lives with other people.	T
c. Sleeping Beauty is waiting for a prince.	T

2 What does Snow White have?
→ She _____ has white skin and black hair _____.

139

DAY 22

Quick Check
1 cute → 귀여운 2 than → ~보다 3 ugly → 못생긴, 보기 싫은 4 pretty → 예쁜; 꽤 5 beautiful → 아름다운
6 elegant → 우아한 7 charming → 매력적인 8 beauty → 아름다움, 미인 9 handsome → 잘생긴 10 lovely → 사랑스러운, 어여쁜

Step 2 듣기 문제로 단어 익히기

보기
| fat | bald | curly | image | colorful |
| slim | vivid | stout | brilliant | splendid |

A 들려주는 영어 단어를 보기에서 찾아 쓰고, 그 아래 빈칸에 해당하는 사진의 번호를 쓰세요.

1 **bald** ☐3
2 **curly** ☐2
3 **splendid** ☐4
4 **fat** ☐1

B 들려주는 영어 단어를 보기에서 찾아 쓰고, 괄호 안에서 알맞은 뜻을 고르세요.

1 v i v i d (아주 좋은 / 선명한)
2 s t o u t (통통한 / 날씬한)
3 b r i l l i a n t (뛰어난 / 대머리의)
4 s l i m (통통한 / 날씬한)
5 i m a g e (아주 좋은 / 이미지)
6 c o l o r f u l (다채로운 / 곱슬곱슬한)

142

Step 3 쓰기 문제로 단어 익히기

C 다음 사진을 보고, 빈칸에 우리말 뜻을 쓰고 영어 단어를 완성하세요.

1 → 아주 선명한, 뛰어난 → b r i l l i a n t
2 → 날씬한 → s l i m
3 → 이미지 → i m a g e
4 → 다채로운 → c o l o r f u l
5 → 통통한 → s t o u t

D 다음 우리말을 표현한 영어 문장의 빈칸을 완성하세요.

1 그는 점점 더 통통해지고 있습니다. → He is getting f a t .
2 그 남자는 대머리입니다. → The man is b a l d .
3 그 여자아이는 곱슬곱슬한 머리입니다. → The girl has c u r l y hair.
4 그 남자는 선명한 파란색 눈을 가지고 있습니다. → The man has v i v i d blue eyes.
5 그 방은 아주 좋습니다. → The room is s p l e n d i d .

143

Step 4 문장 듣기로 단어 확장하기

E 다음을 듣고 빈칸을 채워 문장을 완성한 후, 큰 소리로 따라하세요.

1 The man is [fat] and [bald].
그 남자는 뚱뚱하고 대머리입니다.

2 The boy is small and [slim].
그 소년은 작고 날씬합니다.

3 He has [curly] hair.
그는 곱슬머리입니다.

4 You have a [splendid] smile.
당신은 아주 멋진 미소를 가지고 있습니다.

5 He paints his house with [vivid] colors.
그는 자신의 집을 밝은 색깔로 칠합니다.

6 People like his [colorful] house.
사람들은 색이 다채로운 그의 집을 좋아합니다.

해석
2. 왜 이제 사람들은 Smith 씨의 집을 좋아합니까?
→ Smith 씨가 자신의 집을 밝은 색들로 칠하기 때문입니다.

Expression
• smile : 미소
• paint : 페인트

144

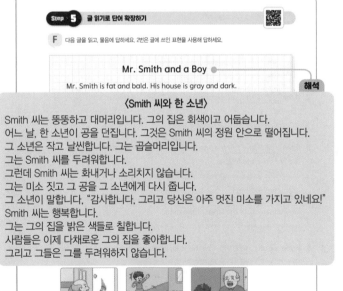

Step 5 글 읽기로 단어 확장하기

F 다음 글을 읽고, 물음에 답하세요. 2번은 글에 쓰인 표현을 사용해 답하세요.

Mr. Smith and a Boy

Mr. Smith is fat and bald. His house is gray and dark.

해석

〈Smith 씨와 한 소년〉
Smith 씨는 뚱뚱하고 대머리입니다. 그의 집은 회색이고 어둡습니다.
어느 날, 한 소년이 공을 던집니다. 그것은 Smith 씨의 정원 안으로 떨어집니다.
그 소년은 작고 날씬합니다. 그는 곱슬머리입니다.
그는 Smith 씨를 두려워합니다.
그런데 Smith 씨는 화내거나 소리치지 않습니다.
그는 미소 짓고 그 공을 그 소년에게 다시 줍니다.
그 소년이 말합니다, "감사합니다. 그리고 당신은 아주 멋진 미소를 가지고 있네요!"
Smith 씨는 행복합니다.
그는 그의 집을 밝은 색으로 칠합니다.
사람들은 이제 다채로운 그의 집을 좋아합니다.
그리고 그들은 그를 두려워하지 않습니다.

2. Why do people like Mr. Smith's house now?
→ Because Mr. Smith _____ paints his house with vivid colors _____.

145

Quick Check

1 slim → 날씬한 2 curly → 곱슬곱슬한 3 vivid → (빛·색이) 선명한, 밝은 4 fat → 뚱뚱한 5 colorful → 다채로운

6 stout → (사람이) 통통한 7 image → 이미지 8 bald → 대머리의 9 splendid → 아주 좋은 10 brilliant → (빛·색이) 아주 선명한, (재능이) 뛰어난

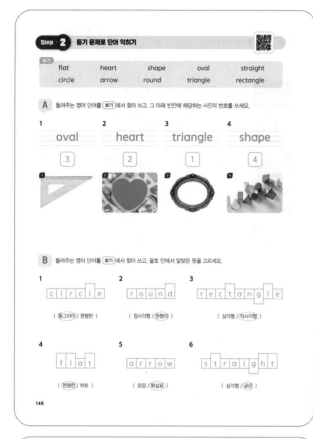

Step 2 듣기 문제로 단어 익히기

[보기] flat heart shape oval straight
circle arrow round triangle rectangle

A 들려주는 영어 단어를 [보기]에서 찾아 쓰고, 그 아래 빈칸에 해당하는 사진의 번호를 쓰세요.

1 oval [3]
2 heart [2]
3 triangle [1]
4 shape [4]

B 들려주는 영어 단어를 [보기]에서 찾아 쓰고, 괄호 안에서 알맞은 뜻을 고르세요.

1 c i r c l e (동그라미 / 편평한)
2 r o u n d (정사각형 / 원형의)
3 r e c t a n g l e (삼각형 / 직사각형)
4 f l a t (편평한 / 하트)
5 a r r o w (모양 / 화살표)
6 s t r a i g h t (삼각형 / 곧은)

148

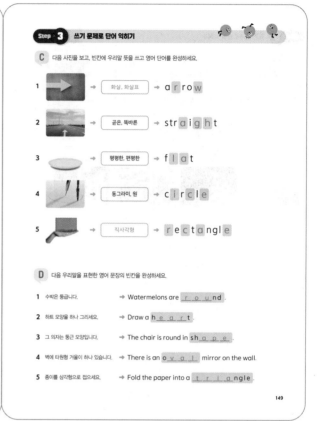

Step 3 쓰기 문제로 단어 익히기

C 다음 사진을 보고, 빈칸에 우리말 뜻을 쓰고 영어 단어를 완성하세요.

1 → [화살, 화살표] → a r r o w
2 → [곧은, 똑바른] → s t r a i g h t
3 → [평평한, 편평한] → f l a t
4 → [동그라미, 원] → c i r c l e
5 → [직사각형] → r e c t a n g l e

D 다음 우리말을 표현한 영어 문장의 빈칸을 완성하세요.

1 수박은 둥급니다. → Watermelons are r o u nd.
2 하트 모양을 하나 그리세요. → Draw a h e a r t.
3 그 의자는 둥근 모양입니다. → The chair is round in sh a p e.
4 벽에 타원형 거울이 하나 있습니다. → There is an o v a l mirror on the wall.
5 종이를 삼각형으로 접으세요. → Fold the paper into a t r i a ngle.

149

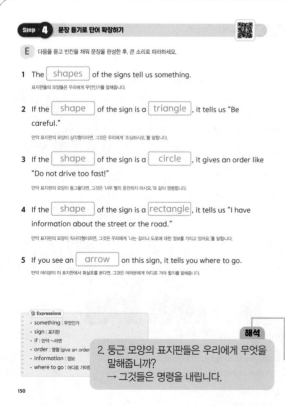

Step 4 문장 듣기로 단어 확장하기

E 다음을 듣고 빈칸을 채워 문장을 완성한 후, 큰 소리로 따라하세요.

1 The [shapes] of the signs tell us something.
표지판들의 모양들은 우리에게 무엇인가를 말해줍니다.

2 If the [shape] of the sign is a [triangle], it tells us "Be careful."
안약 표지판의 모양이 삼각형이라면, 그것은 우리에게 '조심하시오.'를 말합니다.

3 If the [shape] of the sign is a [circle], it gives an order like "Do not drive too fast!"
안약 표지판의 모양이 동그랗면, 그것은 '너무 빨리 운전하지 마시오.'와 같이 명령합니다.

4 If the [shape] of the sign is a [rectangle], it tells us "I have information about the street or the road."
만약 표지판의 모양이 직사각형이라면, 그것은 우리에게 '나는 길이나 도로에 대한 정보를 가지고 있어요.'를 말합니다.

5 If you see an [arrow] on this sign, it tells you where to go.
만약 여러분이 이 표지판에서 화살표를 본다면, 그것은 여러분에게 어디로 가야 할지를 말해줍니다.

Expressions
· something : 무엇인가
· sign : 표지판
· if : 안약 ~라면
· order : 명령 (give an order)
· information : 정보
· where to go : 어디로 가야

해석
2. 둥근 모양의 표지판들은 우리에게 무엇을 말해줍니까?
→ 그것들은 명령을 내립니다.

150

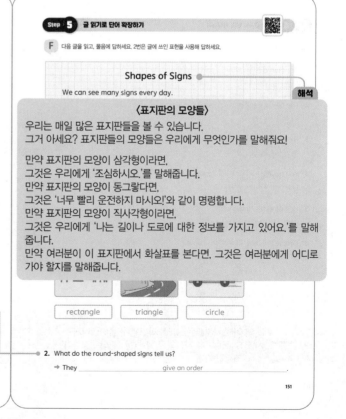

Step 5 글 읽기로 단어 확장하기

F 다음 글을 읽고, 물음에 답하세요. 2번은 글에 쓰인 표현을 사용해 답하세요.

Shapes of Signs

We can see many signs every day.

해석

〈표지판의 모양들〉
우리는 매일 많은 표지판들을 볼 수 있습니다.
그거 아세요? 표지판들의 모양들은 우리에게 무엇인가를 말해줘요!

만약 표지판의 모양이 삼각형이라면,
그것은 우리에게 '조심하시오.'를 말해줍니다.
만약 표지판의 모양이 동그랗다면,
그것은 '너무 빨리 운전하지 마시오'와 같이 명령합니다.
만약 표지판의 모양이 직사각형이라면,
그것은 우리에게 '나는 길이나 도로에 대한 정보를 가지고 있어요.'를 말해줍니다.
만약 여러분이 이 표지판에서 화살표를 본다면, 그것은 여러분에게 어디로 가야 할지를 말해줍니다.

rectangle triangle circle

2. What do the round-shaped signs tell us?
→ They _____ give an order _____.

151

DAY 24

Quick Check

1 oval → 타원형; 타원형의 2 heart → 하트 (모양), 심장 3 circle → 동그라미, 원 4 shape → 모양, 형태 5 flat → 평평한, 편평한

6 round → 둥근, 원형의 7 arrow → 화살, 화살표 8 rectangle → 직사각형 9 straight → 곧은, 똑바른 10 triangle → 삼각형

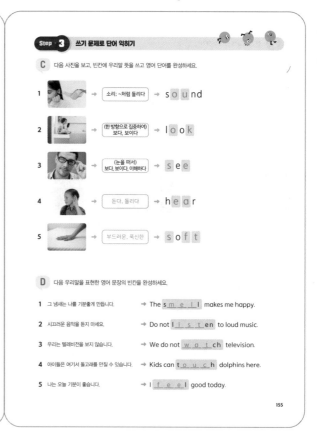

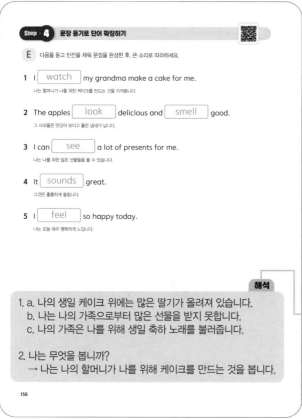

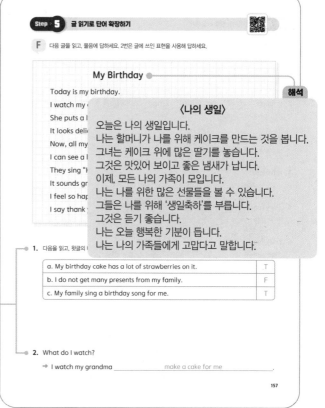

정답 및 해석 **61**

Quick Check

1 see → 보다, 보이다, 이해하다 2 watch → 보다 3 hear → 듣다, 들리다 4 feel → 느껴지다, (특정한 기분이) 들다 5 soft → 부드러운, 폭신한
6 look → 보다, 보이다 7 touch → 만지다; 촉각 8 listen → (귀 기울여) 듣다 9 smell → 냄새; 냄새가 나다 10 sound → 소리; ~처럼 들리다

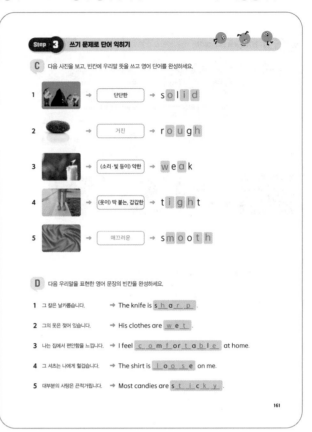

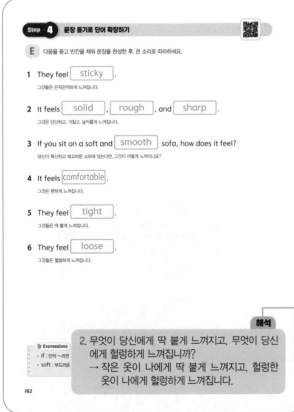

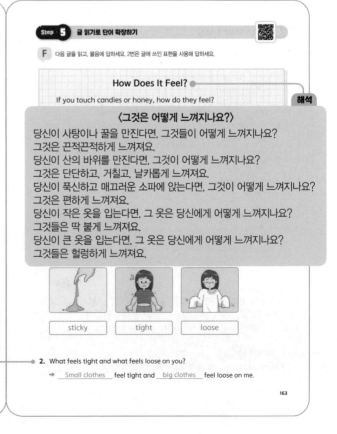

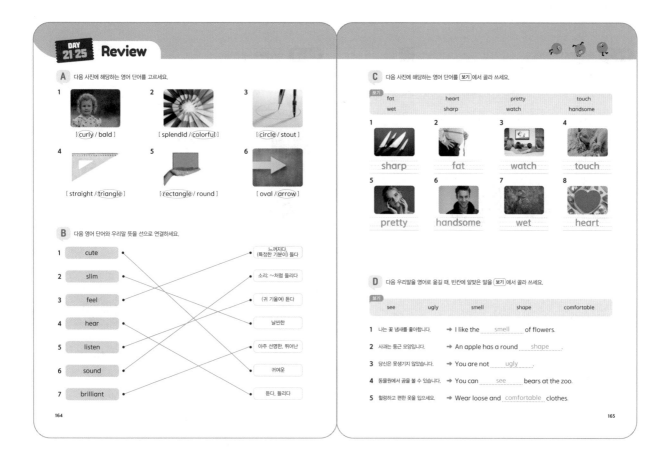

DAY 21-25 Review

A 다음 사진에 해당하는 영어 단어를 고르세요.

1 [curly / bald]

2 [splendid / colorful]

3 [circle / stout]

4 [straight / triangle]

5 [rectangle / round]

6 [oval / arrow]

B 다음 영어 단어와 우리말 뜻을 선으로 연결하세요.

1 cute

2 slim

3 feel

4 hear

5 listen

6 sound

7 brilliant

느껴지다, (특정한 기분이) 들다

소리; ~처럼 들리다

(귀 기울여) 듣다

날씬한

아주 선명한, 뛰어난

귀여운

듣다, 들리다

C 다음 사진에 해당하는 영어 단어를 보기에서 골라 쓰세요.

보기
| fat | heart | pretty | touch |
| wet | sharp | watch | handsome |

1 sharp

2 fat

3 watch

4 touch

5 pretty

6 handsome

7 wet

8 heart

D 다음 우리말을 영어로 옮길 때, 빈칸에 알맞은 말을 보기에서 골라 쓰세요.

보기
| see | ugly | smell | shape | comfortable |

1 나는 꽃 냄새를 좋아합니다. → I like the ___smell___ of flowers.

2 사과는 동근 모양입니다. → An apple has a round ___shape___ .

3 당신은 못생기지 않았습니다. → You are not ___ugly___ .

4 동물원에서 곰을 볼 수 있습니다. → You can ___see___ bears at the zoo.

5 헐렁하고 편한 옷을 입으세요. → Wear loose and ___comfortable___ clothes.

164

165

Quick Check

1 tight → (옷이) 딱 붙는, 갑갑한 2 weak → (소리·빛 등이) 약한 3 wet → 젖은 4 solid → 단단한 5 loose → 느슨한, 헐거운

6 sharp → 날카로운 7 rough → 거친 8 sticky → 끈적거리는 9 comfortable → (신체적으로) 편안한 10 smooth → 매끄러운

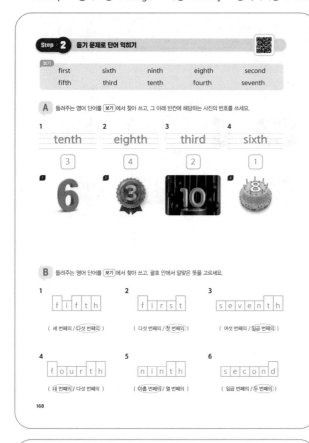

Step 2 듣기 문제로 단어 익히기

보기

| first | sixth | ninth | eighth | second |
| fifth | third | tenth | fourth | seventh |

A 들려주는 영어 단어를 보기에서 찾아 쓰고, 그 아래 빈칸에 해당하는 사진의 번호를 쓰세요.

1 tenth [3]
2 eighth [4]
3 third [2]
4 sixth [1]

B 들려주는 영어 단어를 보기에서 찾아 쓰고, 괄호 안에 알맞은 뜻을 고르세요.

1 fifth (세 번째의 / 다섯 번째의)
2 first (다섯 번째의 / 첫 번째의)
3 seventh (여섯 번째의 / 일곱 번째의)
4 fourth (네 번째의 / 다섯 번째의)
5 ninth (아홉 번째의 / 열 번째의)
6 second (일곱 번째의 / 두 번째의)

168

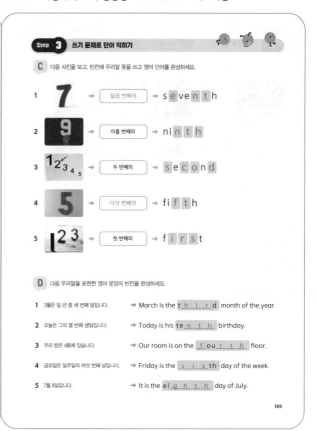

Step 3 쓰기 문제로 단어 익히기

C 다음 사진을 보고, 빈칸에 우리말 뜻을 쓰고 영어 단어를 완성하세요.

1 7 → [일곱 번째의] → s e v e n t h
2 9 → [아홉 번째의] → n i n t h
3 1 2 3 4 5 → [두 번째의] → s e c o n d
4 5 → [다섯 번째의] → f i f t h
5 1 2 3 → [첫 번째의] → f i r s t

D 다음 우리말을 표현한 영어 문장의 빈칸을 완성하세요.

1 3월은 일 년 중 세 번째 달입니다. → March is the t h i r d month of the year.
2 오늘은 그의 열 번째 생일입니다. → Today is his te n t h birthday.
3 우리 방은 4층에 있습니다. → Our room is on the f o u r t h floor.
4 금요일은 일주일의 여섯 번째 날입니다. → Friday is the s i x th day of the week.
5 7월 8일입니다. → It is the ei g h t h day of July.

169

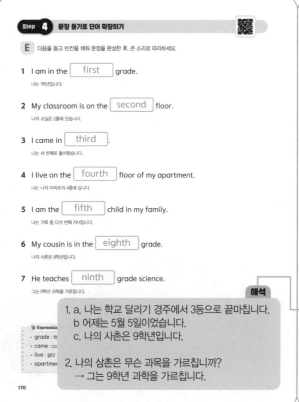

Step 4 문장 듣기로 단어 확장하기

E 다음을 듣고 빈칸을 채워 문장을 완성한 후, 큰 소리로 따라하세요.

1 I am in the [first] grade.
  나는 1학년입니다.

2 My classroom is on the [second] floor.
  나의 교실은 2층에 있습니다.

3 I came in [third].
  나는 세 번째로 들어왔습니다.

4 I live on the [fourth] floor of my apartment.
  나는 나의 아파트의 4층에 삽니다.

5 I am the [fifth] child in my family.
  나는 가족 중 다섯 번째 자녀입니다.

6 My cousin is in the [eighth] grade.
  나의 사촌은 8학년입니다.

7 He teaches [ninth] grade science.
  그는 9학년 과학을 가르칩니다.

해석

1. a. 나는 학교 달리기 경주에서 3등으로 끝마칩니다.
   b 어제는 5월 5일이었습니다.
   c. 나의 사촌은 9학년입니다.

2. 나의 삼촌은 무슨 과목을 가르칩니까?
   → 그는 9학년 과학을 가르칩니다.

Expression
· grade : 학
· came : co
· live : 살다
· apartment

170

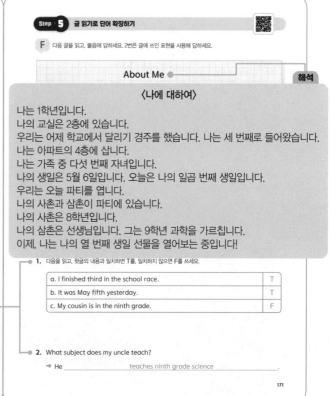

Step 5 글 읽기로 단어 확장하기

F 다음 글을 읽고, 물음에 답하세요. 2번은 글에 쓰인 표현을 사용해 답하세요.

About Me

해석

〈나에 대하여〉

나는 1학년입니다.
나의 교실은 2층에 있습니다.
우리는 어제 학교에서 달리기 경주를 했습니다. 나는 세 번째로 들어왔습니다.
나는 아파트의 4층에 삽니다.
나는 가족 중 다섯 번째 자녀입니다.
나의 생일은 5월 6일입니다. 오늘은 나의 일곱 번째 생일입니다.
우리는 오늘 파티를 엽니다.
나의 사촌과 삼촌이 파티에 있습니다.
나의 사촌은 8학년입니다.
나의 삼촌은 선생님입니다. 그는 9학년 과학을 가르칩니다.
이제, 나는 나의 열 번째 생일 선물을 열어보는 중입니다!

1. 다음을 읽고, 윗글의 내용과 일치하면 T, 일치하지 않으면 F를 쓰세요.

a. I finished third in the school race.	T
b. It was May fifth yesterday.	T
c. My cousin is in the ninth grade.	F

2. What subject does my uncle teach?

→ He _____ teaches ninth grade science _____.

171

Quick Check
1 sixth → 여섯 번째의 2 seventh → 일곱 번째의 3 tenth → 열 번째의 4 first → 첫 번째의 5 second → 두 번째의

6 ninth → 아홉 번째의 7 fourth → 네 번째의 8 eighth → 여덟 번째의 9 third → 세 번째의 10 fifth → 다섯 번째의

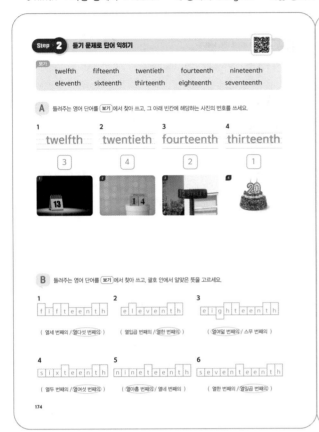

Step 2 듣기 문제로 단어 익히기

보기
twelfth fifteenth twentieth fourteenth nineteenth
eleventh sixteenth thirteenth eighteenth seventeenth

A 들려주는 영어 단어를 보기에서 찾아 쓰고, 그 아래 빈칸에 해당하는 사진의 번호를 쓰세요.

1 twelfth [3]
2 twentieth [4]
3 fourteenth [2]
4 thirteenth [1]

B 들려주는 영어 단어를 보기에서 찾아 쓰고, 괄호 안에서 알맞은 뜻을 고르세요.

1 fifteenth (열세 번째의 / 열다섯 번째의)
2 eleventh (열일곱 번째의 / 열한 번째의)
3 eighteenth (열여덟 번째의 / 스무 번째의)
4 sixteenth (열두 번째의 / 열여섯 번째의)
5 nineteenth (열아홉 번째의 / 열네 번째의)
6 seventeenth (열한 번째의 / 열일곱 번째의)

174

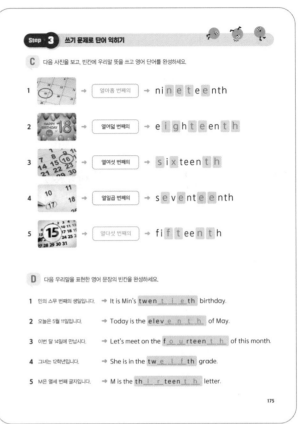

Step 3 쓰기 문제로 단어 익히기

C 다음 사진을 보고, 빈칸에 우리말 뜻을 쓰고 영어 단어를 완성하세요.

1 → 열아홉 번째의 → n i n e t e e n t h
2 → 열여덟 번째의 → e i g h t e e n t h
3 → 열여섯 번째의 → s i x t e e n t h
4 → 열일곱 번째의 → s e v e n t e e n t h
5 → 열다섯 번째의 → f i f t e e n t h

D 다음 우리말을 표현한 영어 문장의 빈칸을 완성하세요.

1 민의 스무 번째의 생일입니다. → It is Min's twen t i e th birthday.
2 오늘은 5월 11일입니다. → Today is the elev e n t h of May.
3 이번 달 14일에 만납시다. → Let's meet on the fo u rteen t h of this month.
4 그녀는 12학년입니다. → She is in the tw e l f th grade.
5 M은 열세 번째 글자입니다. → M is the th i r teen t h letter.

175

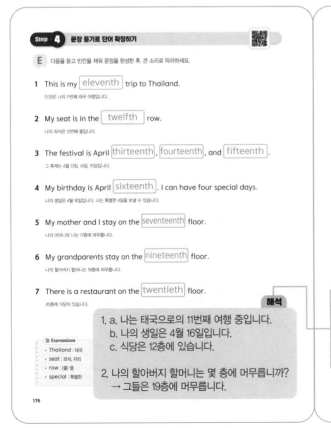

Step 4 문장 듣기로 단어 확장하기

E 다음을 듣고 빈칸을 채워 문장을 완성한 후, 큰 소리로 따라하세요.

1 This is my [eleventh] trip to Thailand.
이것은 나의 11번째 태국 여행입니다.

2 My seat is in the [twelfth] row.
나의 좌석은 12번째 줄입니다.

3 The festival is April [thirteenth], [fourteenth], and [fifteenth].
그 축제는 4월 13일, 14일, 15일입니다.

4 My birthday is April [sixteenth]. I can have four special days.
나의 생일은 4월 16일입니다. 나는 특별한 4일을 보낼 수 있습니다.

5 My mother and I stay on the [seventeenth] floor.
나의 어머니와 나는 17층에 머무릅니다.

6 My grandparents stay on the [nineteenth] floor.
나의 할아버지 할머니는 19층에 머무릅니다.

7 There is a restaurant on the [twentieth] floor.
20층에 식당이 있습니다.

해석
1. a. 나는 태국으로의 11번째 여행 중입니다.
   b. 나의 생일은 4월 16일입니다.
   c. 식당은 12층에 있습니다.

2. 나의 할아버지 할머니는 몇 층에 머무릅니까?
   → 그들은 19층에 머무릅니다.

Expressions
• Thailand : 태국
• seat : 좌석, 자리
• row : (줄) 열
• special : 특별한

176

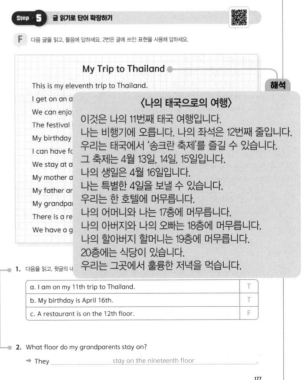

Step 5 글 읽기로 단어 확장하기

F 다음 글을 읽고, 물음에 답하세요. 2번은 글에 쓰인 표현을 사용해 답하세요.

My Trip to Thailand

This is my eleventh trip to Thailand.
I get on an a...
We can enjo...
The festival...
My birthday...
I can have f...
We stay at a...
My mother a...
My father an...
My grandpar...
There is a re...
We have a g...

해석

〈나의 태국으로의 여행〉
이것은 나의 11번째 태국 여행입니다.
나는 비행기에 오릅니다. 나의 좌석은 12번째 줄입니다.
우리는 태국에서 '송크란 축제'를 즐길 수 있습니다.
그 축제는 4월 13일, 14일, 15일입니다.
나의 생일은 4월 16일입니다.
나는 특별한 4일을 보낼 수 있습니다.
우리는 한 호텔에 머무릅니다.
나의 어머니와 나는 17층에 머무릅니다.
나의 아버지와 나의 오빠는 18층에 머무릅니다.
나의 할아버지 할머니는 19층에 머무릅니다.
20층에는 식당이 있습니다.
우리는 그곳에서 훌륭한 저녁을 먹습니다.

1. 다음을 읽고, 윗글의 내...

a. I am on my 11th trip to Thailand.	T
b. My birthday is April 16th.	T
c. A restaurant is on the 12th floor.	F

2. What floor do my grandparents stay on?
→ They _____ stay on the nineteenth floor.

177

Quick Check

1 fourteenth → 열네 번째의 2 sixteenth → 열여섯 번째의 3 seventeenth → 열일곱 번째의 4 nineteenth → 열아홉 번째의 5 eighteenth → 열여덟 번째의 6 thirteenth → 열세 번째의 7 eleventh → 열한 번째의 8 fifteenth → 열다섯 번째의 9 twelfth → 열두 번째의 10 twentieth → 스무 번째의

Step 2 듣기 문제로 단어 익히기

보기

| rich | easy | ready | difficult | expensive |
| free | with | cheap | without | poor |

A 들려주는 영어 단어를 보기 에서 찾아 쓰고, 그 아래 빈칸에 해당하는 사진의 번호를 쓰세요.

1	2	3	4
difficult	easy	rich	with
2	4	1	3

B 들려주는 영어 단어를 보기 에서 찾아 쓰고, 괄호 안에서 알맞은 뜻을 고르세요.

1 p o o r (값싼 / 불쌍한)

2 c h e a p (돈 많은 / 값싼)

3 w i t h o u t (~와 함께 / ~없이)

4 f r e e (부자인 / 무료의)

5 r e a d y (쉬운 / 준비가 된)

6 e x p e n s i v e (값비싼 / 어려운)

180

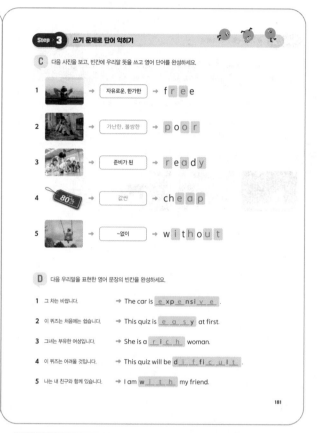

Step 3 쓰기 문제로 단어 익히기

C 다음 사진을 보고, 빈칸에 우리말 뜻을 쓰고 영어 단어를 완성하세요.

1 → 자유로운, 한가한 → f r e e

2 → 가난한, 불쌍한 → p o o r

3 → 준비가 된 → r e a d y

4 → 값싼 → ch e a p

5 → ~없이 → w i t h o u t

D 다음 우리말을 표현한 영어 문장의 빈칸을 완성하세요.

1 그 차는 비쌉니다. → The car is e x p e n si v e .

2 이 퀴즈는 처음에는 쉽습니다. → This quiz is e a s y at first.

3 그녀는 부유한 여성입니다. → She is a r i c h woman.

4 이 퀴즈는 어려울 것입니다. → This quiz will be d i f fi c u l t .

5 나는 내 친구와 함께 있습니다. → I am w i t h my friend.

181

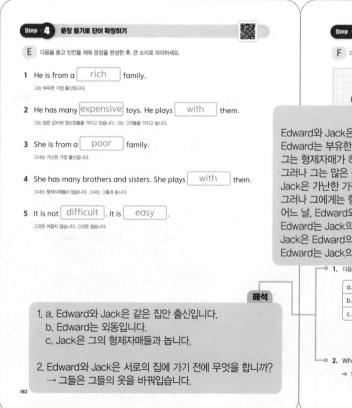

Step 4 문장 듣기로 단어 확장하기

E 다음을 듣고 빈칸을 채워 문장을 완성한 후, 큰 소리로 따라하세요.

1 He is from a [rich] family.
그는 부유한 가정 출신입니다.

2 He has many [expensive] toys. He plays [with] them.
그는 많은 값비싼 장난감들을 가지고 있습니다. 그는 그것들을 가지고 놉니다.

3 She is from a [poor] family.
그녀는 가난한 가정 출신입니다.

4 She has many brothers and sisters. She plays [with] them.
그녀는 형제자매들이 많습니다. 그녀는 그들과 놉니다.

5 It is not [difficult]. It is [easy].
그것은 어렵지 않습니다. 그것은 쉽습니다.

해석

1. a. Edward와 Jack은 같은 집안 출신입니다.
   b. Edward는 외동입니다.
   c. Jack은 그의 형제자매들과 놉니다.

2. Edward와 Jack은 서로의 집에 가기 전에 무엇을 합니까?
   → 그들은 그들의 옷을 바꿔입습니다.

182

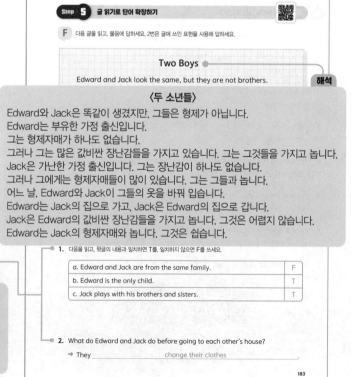

Step 5 글 읽기로 단어 확장하기

F 다음 글을 읽고, 물음에 답하세요. 2번은 글에 쓰인 표현을 사용해 답하세요.

Two Boys

Edward and Jack look the same, but they are not brothers.

해석

〈두 소년들〉

Edward와 Jack은 똑같이 생겼지만, 그들은 형제가 아닙니다.
Edward는 부유한 가정 출신입니다.
그는 형제자매가 하나도 없습니다.
그러나 그는 많은 값비싼 장난감들을 가지고 있습니다. 그는 그것들을 가지고 놉니다.
Jack은 가난한 가정 출신입니다. 그는 장난감이 하나도 없습니다.
그러나 그에게는 형제자매들이 많이 있습니다. 그는 그들과 놉니다.
어느 날, Edward와 Jack이 그들의 옷을 바꿔 입습니다.
Edward는 Jack의 집으로 가고, Jack은 Edward의 집으로 갑니다.
Jack은 Edward의 값비싼 장난감들을 가지고 놉니다. 그것은 어렵지 않습니다.
Edward는 Jack의 형제자매와 놉니다. 그것은 쉽습니다.

1. 다음을 읽고, 윗글의 내용과 일치하면 T를, 일치하지 않으면 F를 쓰세요.

a. Edward and Jack are from the same family.	F
b. Edward is the only child.	T
c. Jack plays with his brothers and sisters.	T

2. What do Edward and Jack do before going to each other's house?
   → They _____ change their clothes _____ .

183

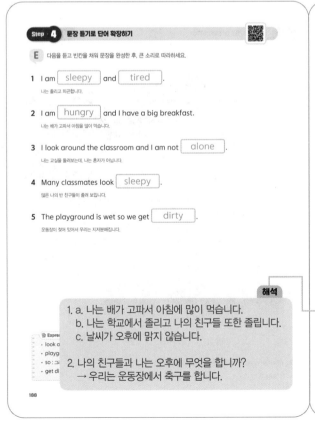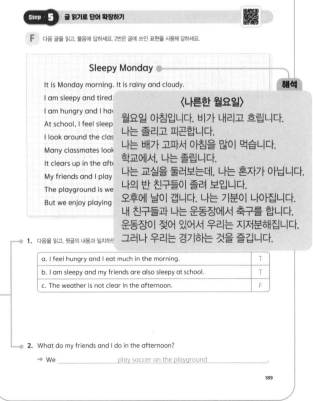

Quick Check
1 free → 자유로운, 한가한, 무료의 2 poor → 가난한, 불쌍한 3 with → ~와 함께, ~을 가진 4 easy → 쉬운 5 expensive → 값비싼
6 rich → 돈 많은, 부자인 7 cheap → 값싼 8 ready → 준비가 된 9 difficult → 어려운 10 without → ~없이

Step 2 듣기 문제로 단어 익히기

보기
last   dirty   alone   sleepy   thirsty
deep   tired   young   strong   hungry

A 들려주는 영어 단어를 보기에서 찾아 쓰고, 그 아래 빈칸에 해당하는 사진의 번호를 쓰세요.

1 tired [4] 2 strong [1] 3 deep [3] 4 thirsty [2]

B 들려주는 영어 단어를 보기에서 찾아 쓰고, 괄호 안에서 알맞은 뜻을 고르세요.

1 dirty (깊은 / 더러운) 2 alone (혼자 / 피곤한) 3 sleepy (졸린 / 목마른)
4 last (지난 / 깊은) 5 young (튼튼한, 강한 / 어린, 젊은) 6 hungry (목마른 / 배고픈)

Step 3 쓰기 문제로 단어 익히기

C 다음 사진을 보고, 빈칸에 우리말 뜻을 쓰고 영어 단어를 완성하세요.

1 마지막의, 지난 → last
2 혼자 → alone
3 어린, 젊은 → young
4 더러운, 지저분한 → dirty
5 배고픈 → hungry

D 다음 우리말을 표현한 영어 문장의 빈칸을 완성하세요.

1 그 소년은 튼튼합니다. → The boy is strong.
2 나는 더운 날씨에 목이 마릅니다. → I am thirsty in hot weather.
3 우리는 오늘 피곤합니다. → We are tired today.
4 그 물은 깊어 보입니다. → The water looks deep.
5 나의 개는 졸려 보입니다. → My dog looks sleepy.

Step 4 문장 듣기로 단어 확장하기

E 다음을 듣고 빈칸을 채워 문장을 완성한 후, 큰 소리로 따라하세요.

1 I am sleepy and tired. 나는 졸리고 피곤합니다.
2 I am hungry and I have a big breakfast. 나는 배가 고파서 아침을 많이 먹습니다.
3 I look around the classroom and I am not alone. 나는 교실을 둘러보는데, 나는 혼자가 아닙니다.
4 Many classmates look sleepy. 많은 나의 반 친구들이 졸려 보입니다.
5 The playground is wet so we get dirty. 운동장이 젖어 있어서 우리는 지저분해집니다.

1. a. 나는 배가 고파서 아침에 많이 먹습니다.
   b. 나는 학교에서 졸리고 나의 친구들 또한 졸립니다.
   c. 날씨가 오후에 맑지 않습니다.
2. 나의 친구들과 나는 오후에 무엇을 합니까?
   → 우리는 운동장에서 축구를 합니다.

Step 5 글 읽기로 단어 확장하기

F 다음 글을 읽고, 물음에 답하세요. 2번은 글에 쓰인 표현을 사용해 답하세요.

Sleepy Monday

It is Monday morning. It is rainy and cloudy.
I am sleepy and tired.
I am hungry and I hav...
At school, I feel sleep...
I look around the clas...
Many classmates look...
It clears up in the afte...
My friends and I play...
The playground is we...
But we enjoy playing...

〈나른한 월요일〉
월요일 아침입니다. 비가 내리고 흐립니다.
나는 졸리고 피곤합니다.
나는 배가 고파서 아침을 많이 먹습니다.
학교에서, 나는 졸립니다.
나는 교실을 둘러보는데, 나는 혼자가 아닙니다.
나의 반 친구들이 졸려 보입니다.
오후에 날이 갭니다. 나는 기분이 나아집니다.
내 친구들과 나는 운동장에서 축구를 합니다.
운동장이 젖어 있어서 우리는 지저분해집니다.
그러나 우리는 경기하는 것을 즐깁니다.

1. 다음을 읽고, 윗글의 내용과 일치하면...

a. I feel hungry and I eat much in the morning.	T
b. I am sleepy and my friends are also sleepy at school.	T
c. The weather is not clear in the afternoon.	F

2. What do my friends and I do in the afternoon?
→ We play soccer on the playground.

DAY 30

Quick Check

1 sleepy → 졸린 2 deep → 깊은 3 hungry → 배고픈 4 strong → 튼튼한, 강한 5 young → 어린, 젊은

6 tired → 피곤한, 지친 7 thirsty → 목마른 8 last → 마지막의, 지난 9 dirty → 더러운, 지저분한 10 alone → 혼자

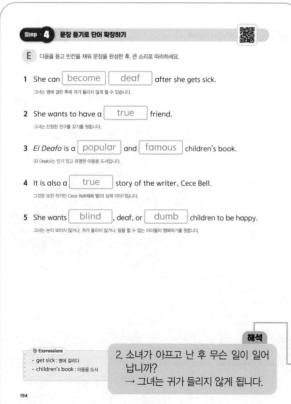

Step 4 문장 듣기로 단어 확장하기

E 다음을 듣고 빈칸을 채워 문장을 완성한 후, 큰 소리로 따라하세요.

1 She can [become] [deaf] after she gets sick.
그녀는 병에 걸린 후에 귀가 들리지 않게 될 수 있습니다.

2 She wants to have a [true] friend.
그녀는 진정한 친구를 갖기를 원합니다.

3 *El Deafo* is a [popular] and [famous] children's book.
〈El Deafo〉는 인기 있고 유명한 아동용 도서입니다.

4 It is also a [true] story of the writer, Cece Bell.
그것은 또한 작가인 Cece Bell(쎄쎄 벨)의 실제 이야기입니다.

5 She wants [blind], deaf, or [dumb] children to be happy.
그녀는 눈이 보이지 않거나, 귀가 들리지 않거나, 말을 할 수 없는 아이들이 행복하기를 원합니다.

Expressions
- get sick : 병에 걸리다
- children's book : 아동용 도서

해석

2. 소녀가 아프고 난 후 무슨 일이 일어납니까?
→ 그녀는 귀가 들리지 않게 됩니다.

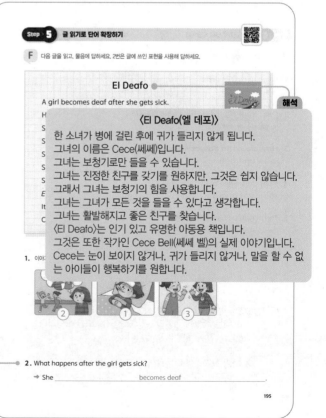

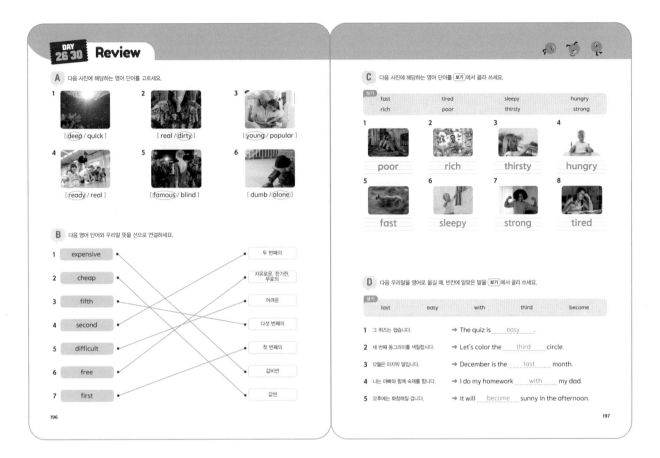

DAY 26·30 Review

A 다음 사진에 해당하는 영어 단어를 고르세요.

1 [deep / quick]

2 [real / dirty]

3 [young / popular]

4 [ready / real]

5 [famous / blind]

6 [dumb / alone]

B 다음 영어 단어와 우리말 뜻을 선으로 연결하세요.

1 expensive — 두 번째의
2 cheap — 자유로운, 한가한, 무료의
3 fifth — 어려운
4 second — 다섯 번째의
5 difficult — 첫 번째의
6 free — 값비싼
7 first — 값싼

C 다음 사진에 해당하는 영어 단어를 [보기]에서 골라 쓰세요.

보기
| fast | tired | sleepy | hungry |
| rich | poor | thirsty | strong |

1 poor   2 rich   3 thirsty   4 hungry
5 fast   6 sleepy   7 strong   8 tired

D 다음 우리말을 영어로 옮길 때, 빈칸에 알맞은 말을 [보기]에서 골라 쓰세요.

보기
| last | easy | with | third | become |

1 그 퀴즈는 쉽습니다. → The quiz is __easy__ .
2 세 번째 동그라미를 색칠합시다. → Let's color the __third__ circle.
3 12월은 마지막 달입니다. → December is the __last__ month.
4 나는 아빠와 함께 숙제를 합니다. → I do my homework __with__ my dad.
5 오후에는 화창해질 겁니다. → It will __become__ sunny in the afternoon.

196 197

Quick Check
1 real → 진짜의, 실제의 2 fast → (움직임이) 빠른; 빨리 3 become → ~이 되다 4 true → 사실인, 진실인 5 deaf → 귀가 먼
6 famous → 유명한 7 dumb → 말을 못하는 8 quick → (재)빠른 9 popular → 인기 있는 10 blind → 눈이 먼

MEMO

MEMO

초등영단어
문장의 시작 Level 3

메가스터디BOOKS

내용 문의 02-6984-6908 | 구입 문의 02-6984-6868,9 | www.megastudybooks.com